新时代法律法规机制研究书系

法学教育与教学
实践探究

谢曼娜 / 著

西南财经大学出版社
Southwestern University of Finance & Economics Press
中国·成都

图书在版编目(CIP)数据

法学教育与教学实践探究/谢曼娜著.—成都:西南财经大学出版社,
2023.10
ISBN 978-7-5504-5947-2

Ⅰ.①法… Ⅱ.①谢… Ⅲ.①法学教育—研究 Ⅳ.①D90

中国国家版本馆 CIP 数据核字(2023)第 177694 号

法学教育与教学实践探究
FAXUE JIAOYU YU JIAOXUE SHIJIAN TANJIU
谢曼娜 著

策划编辑:冯 梅 乔 雷
责任编辑:乔 雷
责任校对:高小田
封面设计:墨创文化 张姗姗
责任印制:朱曼丽

出版发行	西南财经大学出版社(四川省成都市光华村街55号)
网 址	http://cbs.swufe.edu.cn
电子邮件	bookcj@swufe.edu.cn
邮政编码	610074
电 话	028-87353785
照 排	四川胜翔数码印务设计有限公司
印 刷	四川五洲彩印有限责任公司
成品尺寸	170mm×240mm
印 张	11.25
字 数	271 千字
版 次	2023 年 10 月第 1 版
印 次	2023 年 10 月第 1 次印刷
书 号	ISBN 978-7-5504-5947-2
定 价	68.00 元

1. 版权所有,翻印必究。
2. 如有印刷、装订等差错,可向本社营销部调换。

前言

　　21世纪的中国把全面依法治国作为根本的治国方略，对于法学界来说，历史已经进入前所未有的新时代，中国法学教育正处在一个关键时期。党的二十大报告指出，"法治社会是构筑法治国家的基础"。习近平总书记指出，"法律要发挥作用，需要全社会信仰法律"。党的二十大报告指出，"努力使尊法学法守法用法在全社会蔚然成风"，这是"坚持全面依法治国，推进法治中国建设"的重要要求，立意高远，内涵丰富，具有极其重要的理论意义和实践意义。知识经济的到来与社会信息化共同发展的趋势，科学技术与法治观念相互渗透与融合的趋势，东西方文化交流、碰撞、融合的趋势，我国社会主义市场经济发展与完善的趋势，特别是我国全面依法治国方略的全面实施，使我国法学教育面临严峻的挑战和大好的机遇。然而，在利益价值多元且追求和谐的世界中，中国法治社会的建设能否立足于本土资源而又有效地回避域外的种种教训？这是法学教育应该首要思考的问题。我们要深入领会贯彻党的二十大精神，切实将党的二十大精神落到实处。

　　改革开放40多年来，我国的法学研究和法学教育都发生了质的飞跃，但是，我国法学教育目标倾向于培养掌握法学理论知识的法律工作者的观念也开始固化。因此，我国法学教育的重点在于传授知识，而非培养学生的实践能力；教育方法上注重书本和课堂理论教学，而忽视对学生实际工作技能的训练。学生的主动性和创造性受到极大抑制，他们更注重继承前人的知识和学习方式，而忽略了创造求新、批判地思考法律问题以形成自己的观点，也缺乏认识法律和理解法律的思维能力，更缺乏实际运用法律的能力。随着法学专业的不断扩招，教育投入力度跟不上，加之传统法学教育方式严重不适应变化了的客观现实，法学教育教学质量等存在许多问题，法学教育改革迫在眉睫。

目前，法学研究的范式逐步转向法教义学，法学教育也正在进行一次体系的革新。理想的法学教育，应当在促进法律教学与法律实践相结合，推动法教义学知识本土化的同时，着力培养和提高学生的法律适用能力。近年来，随着鉴定式案例分析方法的引入，法学教育的创新发展在法律教学实践中日益受到关注。因此，强化法学专业学科建设、提高法学教育质量是法学教育的科学发展之路和永恒主题，而全面提高法学教育水平和法科人才培养质量必须贯彻素质教育，确立教学在法学教育中的中心地位，完善法学专业的课程体系与教学内容，不断改进教育教学方法，加强法学教育中的教师队伍建设，提高法科学生的创新能力与实践能力。

学术成于新知，学理臻于共识，文化存于比较，哲思在于超越。本书通过回顾中国法学教育的发展进程，学习和借鉴国外部分国家有益的法治教学模式，从而得出结论，以期从中获得更多启示，并将其运用到我国法学教育与教学的实践中去，不断提高我国的法学教学水平。由于作者水平有限，本书难免会有纰漏之处，期待本书能成为一本有助于推动法学教育与教学实践、贴近法科学生的有温度的法律教学辅导读物，还望广大读者不吝赐教，批评指正。

谢曼娜

2023 年 3 月

目录

1 **中国法学教育模式历史发展探究** / 1
   1.1 中国法学教育发展历史回顾 / 1
   1.2 中国法学教育模式的发展变迁 / 8
   1.3 中国特色社会主义法学教育模式初步形成 / 11

2 **法学教育的价值分析** / 17
   2.1 法学适用领域中的价值导向思考 / 17
   2.2 法学对于法律实务的意义 / 20
   2.3 法学在知识上的贡献 / 33
   2.4 法学在诠释上的自我反省 / 38

3 **中国法学教学模式现状研究** / 43
   3.1 中国法学教学模式实际情况 / 43
   3.2 中国法学教学模式的具体表现 / 51
   3.3 中国高校的法学教育模式 / 57

4 **中国法学教育存在的问题及对策探析** / 64
   4.1 中国法学教育的现状 / 64
   4.2 中国法学教育面临的困境 / 68

4.3 中国法学教育问题产生的原因 / 74

4.4 完善中国法学教育模式的建议 / 82

5 法学教育培养模式的实践与改革 / 87

5.1 国外法学教育培养模式 / 87

5.2 中国法学教育培养模式的实践 / 94

5.3 全面依法治国背景下中国法学教育培养模式的改革 / 101

6 中国法学实践教学模式的革新 / 111

6.1 法学实践教学的改进策略 / 111

6.2 法学师资队伍建设 / 121

6.3 法学教育中法律信仰的培养 / 127

6.4 法学教育中实证分析法的养成 / 135

7 中国法学教学实践模式的展望研究 / 148

7.1 法学教学的发展趋势 / 148

7.2 完善法学教学模式的能效 / 152

参考文献 / 156

附录　法学典型案例研习 / 160

1 中国法学教育模式历史发展探究

1.1 中国法学教育发展历史回顾

回顾中国法学教育 70 多年的发展历史，可以看出，从新中国成立到改革开放，中国法学教育主要经历了引进初创期（1949—1956 年）、遭受挫折期（1957—1965 年）和基本瘫痪期（1966—1976 年）三个阶段。1978 年以来，以在校大学生为教育对象的中国高等院校法学教育大致经历了四个发展时期：全面恢复和快速发展时期（1978—1987 年）、规范化建设时期（1988—1997 年）、规模化发展时期（1998—2002 年）、发展调整时期（2003 年至今）。1978 年以来，以法律职业者为教育对象的中国法律职业教育完成了三个转变：从补课式、临时性培训向系统化、规范化培训的转变；从普及性、知识性培训向职业化、精英化培训的转变；从学历教育为主向职业继续教育为主的转变。1978 年以来，以全民为教育对象的全民普法教育共开展了五次，实现了三次飞跃：从对一切有能力接受教育的公民启蒙教育到以提高领导干部依法决策能力、依法管理能力为重点的全民法律意识的飞跃；从单一普及法律条文向全方位推进依法治理的飞跃；普法依法治理工作由虚变实、由弱变强，向制度化、规范化、法治化的飞跃。

笔者认为，在中国法学教育 70 多年的发展历程中，改革开放后 40 多年来的发展更具有现实意义。

1.1.1　中国高等院校法学教育概况

1.1.1.1　法学院校发展概况

1978年，党确定了中国改革开放的总方针，随即于1984年肯定了商品经济。当时，中国法律工作面临的问题是法律人才奇缺，政法干部素质亟待提高。1977年恢复高考前，全国只有北京大学法律系和吉林大学法律系尚在培养法学专业学生，1978—1987年，中国法学教育进入全面恢复和快速发展时期，开设法学本科专业的院校从1978年的6所迅速增加到1988年的106所，10年间增长了约16.67倍。

以1988年首批高校法律系改为法学院为标志，中国高等院校法学教育进入规范化建设时期（1988—1997年）。在此期间，中国经济体制改革逐步深化，经历了从建立有计划的商品经济到建立社会主义市场经济体制的转变。1997年，党的十五大确定实施依法治国基本方略，中国高等院校法学院系开始行业规范改革，法学院系数量持续增加。到1998年，中国高等院校法学院系数量增加到214所，较10年前增长了约1.02倍。

1998年以来，中国社会主义市场经济不断成熟，政治体制改革取得突破性进展。特别是1999年依法治国方略被写入宪法，社会主义民主与法治观念日益深入人心，中国法学教育进入规模化发展时期与发展调整时期（1998年至今）。1998年以来，以2003年科学发展观的提出为分界，中国高等院校法学教育可分为规模化发展时期（1998—2002年）和发展调整时期（2003年至今）两个阶段。中国高等院校法学教育在经过5年的繁荣发展之后，进入对法学教育定位、质量、模式、层次，法学教育与法律职业之间的关系等全面反思时期。1998年以来，中国高等院校法学教育在总结反思的同时，仍然保持规模发展的势头。截至2009年年底，全国共有615所院校开设了法学本科专业，较10年前增长了约1.87倍。1978—2009年开设法学专业的中国高等院校数量示意图见图1-1。

1.1.1.2　法学专科、法学本科招生培养概况

以1978年全国6所院校录取1 299名法学本科专业学生为标志，中国拉开了法学教育全面恢复和发展的序幕。法学专业在全国范围内正式恢复招生后，一批有志于法律工作的青年进入学校接受法学教育。到1988年，中国法学本科在校生达28 325人，10年增长了将近21倍。1988年，中国法学专科在校生达15 329人。

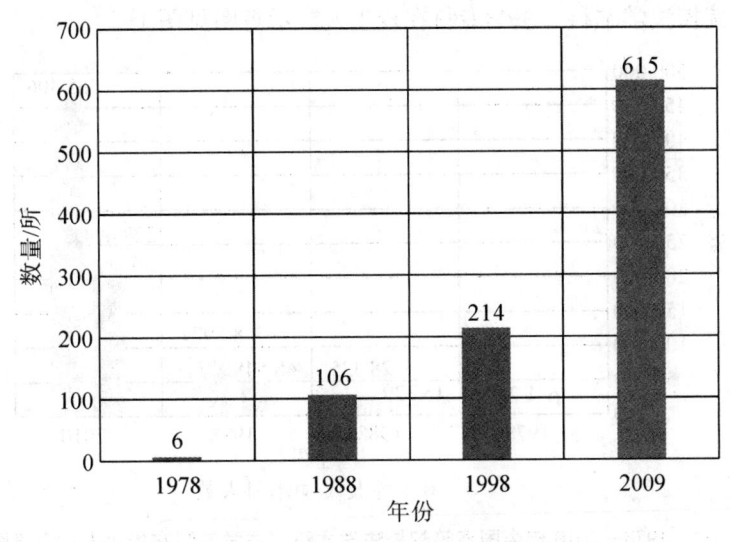

图 1-1　1978—2009 年开设法学专业的中国高等院校数量示意图

1992 年，党的十四大提出了建立社会主义市场经济的目标。此后，党中央对高等教育，特别是对法学高等教育提出了数量要增多和质量要提高的新要求。司法部发布的《法学教育"九五"发展规划和 2010 年发展设想》，确定 20 世纪 90 年代中国法学教育"必须保持适当高于教育平均发展速度，使办学规模有较大发展"。截至 1998 年年底，中国法学本科在校生达 87 977 人，比 10 年前增长了将近 2.11 倍；中国法学专科在校生 48 548 人，比 10 年前增长了将近 2.17 倍。

在 1998—2002 年法学教育的规模化发展时期，中国高等院校实施扩招政策，法学专业未来就业形势与学科地位日益提升，法学教育得以繁荣发展。至 2002 年年底，中国高等院校法学本科在校生达 264 039 人，比 1998 年增长了 2 倍；中国高等院校法律专科在校生达 210 807 人，比 1998 年增长了约 3.34 倍。

2003 年，科学发展观的提出，标志着中国法学教育发展调整时期的到来。经过 20 多年的飞速发展，法学教育的欣欣向荣延伸到了中国几乎所有大学，特别是 100 多所民办院校成为新增法学院系的主要力量。法学教育的繁荣景象之下，是人们对法学教育质量的担忧和法学专业毕业生就业率的下降。但是，中国高等院校法学专业招生人数却保持扩大趋势。据不完全统计，截至 2010 年 6 月底，中国高等院校法学本科在校生达 465 406 人左右，中国高等院校法学专科在校生达 228 694 人以上。1978—2010 年中国高等院校法学本科、法学专科在校生人数示意图见图1-2。

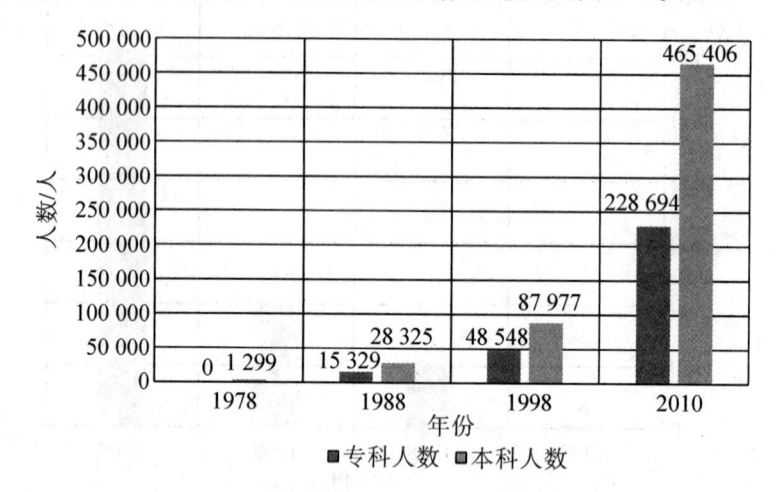

图1-2　1978—2010年中国高等院校法学本科、法学专科在校生人数示意图

1.1.1.3　法学硕士研究生招生培养概况

1978年，中国社会科学院研究生院（法学研究所）等院校招收法学硕士研究生228人。1988年，中国在校硕士研究生达847人。1998年，中国在校硕士研究生达10 840人，较10年前增长了约11.80倍。截至2022年年底，中国共有31所高等院校拥有法学硕士一级学科授予权，154所高等院校设有327个法学硕士二级专业点，在校法学硕士研究生达75 273人，在校法学硕士研究生人数较10年前增长了约6.94倍。

1996年，北京大学等八所高等院校试办法律硕士专业学位研究生教育，首批招收539人。1998年，法律硕士专业学位试点单位达22所。同年，在职攻读法律硕士专业学位教育开始招生。1998年在校法律硕士研究生7 986人，较两年前增长了约13.82倍。至2003年，全国共有8 848人完成培养，获得法律硕士学位。2006年，法律硕士专业学位试点工作结束，进入正式培养阶段。2009年，法律硕士专业学位招生10 191人，在校法律硕士研究生30 000人左右，在校法律硕士研究生较1998年增长了2.76倍左右；法律硕士培养单位增至115所，比试办时增长了约4.23倍。

1.1.1.4　法学博士研究生招生培养概况

1982年，中国法学博士研究生开始招生时只录取1人。至1998年年底，中国在校法学博士研究生达1 340人。至2002年年底，中国在校法学博士研究生达4 157人。2009年，中国法学博士毕业生人数达2 208人，法学博士研究生招生人数 3 355 人，法学博士研究生在校学生人数 12 116 人。据统计，1990—2004 年，中国在校法学博士研究生数量的年平均增长率为 28.34%，比同期中国各学科在校生数量年平均增长速度高 16.82%。截至目前，中国 12 所高等院校拥有法学博士一级学科授予权，22 所高等院校拥有 29 个博士二级学科授予权，13 个法学教育机构设有法学博士后科研流动站。

1.1.1.5 法学教师队伍发展建设概况

法学硕士和法学博士等高层次法律人才的培养，为中国法学师资队伍建设的不断发展创造了条件。据统计，1988 年，中国有法学教师 5 678 人，到 2002 年年底，中国有法学教师 22 053 人；2005 年，增加到 47 366 人；2006 年，增加到 53 448 人。截至 2010 年年底，据不完全统计，中国法学教师已达 61 042 人。1978—2010 年中国高等院校法学教师人数示意图见图 1-3。

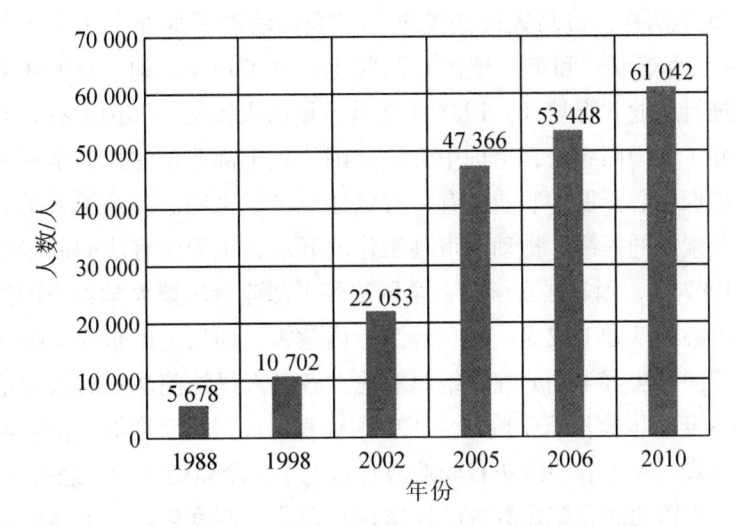

图 1-3　1978—2010 年中国高等院校法学教师人数示意图

研究改革开放 40 多年来中国高等法学教育的发展状况，可以发现几个显著的特点：第一，中国法学教育发展速度快。特别是最近 10 年，中国法学教育院校数量、招生人数等增长迅猛。一方面反映了中国经济、政治、文化和社会的快速进步，另一方面反映了法学教育的繁荣有"泡沫"之嫌。第二，中国法学教育发展阶段呈周期性。中国法学教育每经过一个快速发展阶段后，随即进入规范调整时期，呈现出从恢复发展——迅速发展——调整发展循环往复的基本规律，符合唯物辩证法关于事物发展的规律。第三，中国法学教育的发展变化与国家法治建设进程相一致。如法学教育层次的调整，法学教育的内容的变化，法学教育方式的改良等，法学教育的每一个发展阶段都表现出同时期国家法治建设的特点。

1.1.2 中国法律职业教育概况

从1978年开始，中国法律职业教育主要是为司法职业人员进行法律知识和业务技能培训的"补课教育"。经过40多年的发展，自成体系的法官职业教育、日益完善的检察官职业教育和逐步发展的律师与公证员职业教育，共同构成了具有中国特色的法律职业教育基本模式。

1.1.2.1 自成体系的法官职业教育

改革开放之初，中国各级法院安置了一批复转军人，接收了一批社会招录干部。为尽快提高他们的法律专业水平和文化水平，适应审判工作需要，1985年9月，最高人民法院创办了全国法院干部业余法律大学，省（自治区、直辖市）和市（地区）法院也设立了相应机构，对上述人员分期分批进行职业教育培训。1988年2月，最高人民法院和国家教育委员会联合创办了中国高级法官培训中心。全国法院干部业余法律大学和中国高级法官培训中心开展的职业教育，有效地促进了全国法院系统人员文化水平和业务素质的提高，推动了审判工作的开展，也为法官法的制定奠定了基础。1997年，国家法官学院在全国法院干部业余法律大学和中国高级法官培训中心的基础上成立，并在北京、内蒙古、四川、山东等高级人民法院设立了国家法官学院分院，组织对地方各级人民法院法官的教育培训工作。2008年，国家法官学院建立了中国法官培训网，新增加了法官网络教学培训形式，标志着中国法官职业教育迈上了一个新的台阶。经过40多年的发展，中国的法官职业教育已经实现规范化、制度化，一个高级以上法官由最高人民法院培训、二级以上法官由高级人民法院培训、其他法官由中级人民法院培训的三级培训体系已经形成。

1.1.2.2 日益完善的检察官职业教育

改革开放40多年来，中国的检察官职业教育状况与法官的职业教育状况基本相同。复转军人进入检察院工作的同时，检察系统也从高中毕业生中招录了一批干部。检察官职业培训与学历教育的方式与前述法官的教育如出一辙。

经过40多年的发展，检察官的职业教育机制日益完善，已经初步形成了自己的特色：一是基本形成了中央一级——省一级——地（市）一级的三个层次培训体系；二是对检察官进行了多渠道、多层次、多种形式的培训；三是对检察官的培训已纳入法治轨道，形成规范化、制度化的特色。

1.1.2.3 逐步发展的律师与公证员职业教育

与法官、检察官40多年来的职业教育已经自成体系或者日益完善的现状相比较，中国律师、公证员的职业教育发展则相对滞后，尚处于逐步发展时期。在1986年中华全国律师协会成立之前，甚至1996年《中华人民共和国律师法》颁布之前，律师的职业教育尚处于探索之中。《中华人民共和国律师法》实施后，律师的职业教育分为实习律师的培训和执业律师的培训两部分。1997年颁布的《司法部关于进一步规范律师培训工作的通知》对执业律师的培训作出了具体规定。但是，法官、检察官、警察的职业教育均有相应的法官学院、检察官学院、警察学院专门组织实施，律师的职业教育则无相应的"律师学院"等相应机构承担。虽然《中华人民共和国律师法》及有关规章规定由律师协会负责律师的职业教育，但是，实事求是地说，中国目前的律师协会尚不能承担起此重任。很多律师事务所也没有一套成熟完善的管理、发展体制，缺乏整体、长远的规划，更谈不上对实习律师及职业律师的培训。中国公证员、仲裁员等的职业教育与律师的职业教育大同小异，均处在一个逐步发展的时期。

1.1.3 中国普法教育概况

在中国，除去高等院校开展的法学教育和法律职业机构开展的职业教育之外，从1986年开始，由各级司法行政机关统一组织的，对一切有接受教育能力的公民实施的，旨在普及法律知识、传播法治理念、树立法治信仰的普法教育，也是中国法学教育的组成部分。这种教育具有鲜明的中国特色，不论从对象、目的、内容上，都与高等院校开展的法学教育和法律职业教育有所不同。改革开放以来，中国共进行了五次普法教育，分别是以法律启蒙教育为特征的"一五"普法教育（1986—1990年）、以培养依法治理意识为特征的"二五"普法教育（1991—1995年）、以推进依法治国为特征的"三五"普法教育（1996—2000年）、以实现从学法到用法转变为特征的"四五"普法教育（2001—2005年）和以全面深入展开法律教育为特征的"五五"普法教育（2006—2010年）。每次普法教育的规划都明确规定该次普法教育的指导思想、目标、任务、重点对象和组织领导及保障等内容；每次普法教育都注重与其所处时期的国情结合，后一次普法教育基本上建立在前一次普法教育的基础之上；普法教育注重理论与实践相结合，学法与用法相结合。经过 30 多年的普法教育，中国国民的法律意识明显增强，法治观念普遍提高，国家管理与社会生活各个方面逐步步入法治轨道。

1.2　中国法学教育模式的发展变迁

一般认为，"模式"具有"样式""样态"之意，是以典型特征为元素，从静态的横向观察和动态的纵向比较等角度考察事物的基本方式。法学教育模式是在一定的经济、政治、文化等因素影响下，在一定的教育思想和制度环境中生成的教育客体、教育方式、教育内容、教育方法等基本构成元素的有机结合。

考察世界各国法学教育的基本构成元素，可以发现世界法学教育的类型大致可以分为两类：一类是以美国法学教育为代表的普通法系法学教育模式；另一类是以德国法学教育为代表的大陆法系法学教育模式。

普通法系法学教育模式的基本特征：①教育客体是以律师为基础的法律职业者；②教育方式是法学院的培养与法律职业实践紧密结合；③教育内容是建立在本科人文教育和科学教育基础之上的研究生层次（JD）的法律职业教育，或者是建立在法学学士（LLB）基础上的研究生层次（LLM）的法律职业教育；④教育方法是以案例讨论或者实践性教学为主，注重教师与学生的教学互动，这与普通法系国家的判例法渊源相关联；⑤教育定位是法律职业教育，法学院为学生设立个人导师和专业导师，指导学生学习和对实践提出建议。

大陆法系法学教育模式的基本特征：①教育客体是法官、律师等法律从业者以及社会管理人才；②教育方式是法学本科的法律素质教育由法学院承担，法律职业培训由法院、律师事务所等职业机构承担；③教育内容是法学理论知识和法律规定以及有关人文知识，法学教育以本科教育为主；④教育方法是大多采用演绎法，强调教师系统地向学生讲授法律的基础知识，注重法律抽象思维训练，这与大陆法系国家成文法传统具有密切关系；⑤教育定位是一种法律素质教育，其法学本科教育属于通才教育。

本书以横向的世界法学教育既成模式的基本特征比较和纵向的中国法学教育模式构成元素生成机制分析，以及中国法学教育制度的整体运行环境考察为视角，综合研究中国法学教育客体、教育方式、教育内容、教育方法等基本构成元素。可以发现，新中国成立以来，中国法学教育模式经历了从新中国成立初期的苏联法学教育模式，到改革开放初期的大陆法系法学教育模式，又到市场经济体制时期的混合法学教育模式，再到改革开放40多年中国特色法学教育模式初步形成的变迁过程。

1.2.1 新中国成立初期学习苏联法学教育模式

苏联法学教育模式的主要特征：①教育客体是政治素质过硬的无产阶级政法干部；②教育方式是法律院校独立承担法学教育任务，国家统一组织管理，因为法律职业不是一种专业，所以法学教育与法律职业是分离的；③教育内容是"讲授课程有法令者根据法令，无法令者根据政策……如无具体材料可资根据参照，则以马列主义、毛泽东思想为指导原则，并以苏联法学教材及著述为教授的主要参考资料"；④教育方法主要是课堂讲授，强调教师的主导性，由苏联专家直接授课或者由经过苏联专家培训的中国法学教师授课。

1.2.2 有计划的商品经济时期借鉴大陆法系国家的法学教育模式

改革开放后，党作出了树立法治权威和加强法治教育的决定，高等教育提出以人的全面发展为教育目标，有计划的商品经济逐步确立。在立法成果不断扩大的同时，中国法学教育的模式逐步突破重政治素质、轻职业素养的苏联法学教育模式影响，呈现出大陆法系法学教育模式的特征。

有计划的商品经济时期大陆法系法学教育模式的主要特征：①教育客体是德智体全面发展的专业人才；②教育方式是通过多种形式、多种层次培养法律人才，教育形式包括全日制法学教育和成人教育等，教育层次包括中专、大专、本科、研究生等；③教育内容是国家颁布的法律法规和法学理论知识及有关人文知识；④教育方法是以教师讲授为主的课堂式，教师是教学活动的主导者。

1.2.3 社会主义市场经济体制时期的混合法学教育模式

20世纪90年代以后，随着改革开放的进一步深入，对外交流与合作活动日益增多。伴随着市场经济的建立和发展以及全面依法治国方略的逐步实施，人们的思想观念特别是法治观念发生了深刻变化，以法律职业教育为法学教育典型特征的普通法系国家的法学教育模式被引入我国，与苏联法学教育模式的教师主导型和大陆法系法学教育模式的素质教育目标特征相融合，形成社会主义市场经济体制时期的混合法学教育模式。

混合法学教育模式的主要标志：①教育目标从以通才教育为主，开始走向兼顾通才教育与职业教育；②教育方式延续了多种形式、多种层次培养法律人才的模式，但逐步转向以法学本科、法学硕士和法学博士教育为主体，其他学历教育为补充，以全日制教育为主，以其他形式为辅助；③教育内容以中国法为主，兼顾外国法及国际法，法学本科教育的14门核心课程统一化；④传统讲座式教育方式受到挑战，实践性教学方法开始被引入。

1.2.4　科学发展观指导下的中国特色社会主义法学教育模式

在中国法学教育经过从停滞到恢复、从逐步发展到规模化发展之后，人们在对法学教育进行梳理的同时，也开始了对法学教育中国模式的反思。在摒弃以政治代替法律的苏联法学教育模式之后，英美法系法学教育模式和大陆法系法律教育模式究竟哪一个更适合中国？在见仁见智的争论中，第一要义是发展，核心是以人为本，基本要求是全面协调可持续，根本方法是统筹兼顾的科学发展观，这一论断得到确立。科学发展观从宏观上引领中国法学教育从规模化发展适时进入发展调整时期，全面总结新中国成立、特别是改革开放以来中国法学教育的经验与教训、成功与不足，探索出了走中国特色社会主义法学教育模式之路。

应该说，中国法学教育从苏联法学教育模式，到有计划的商品经济时期的大陆法系法学教育模式，到社会主义市场经济体制时期的混合法学教育模式，再到科学发展观指导下的中国特色社会主义法学教育模式的初步形成，不仅记录了中国法学教育的发展轨迹，同时也反映出时代对法学教育的需要和需求。应当清楚地认识到：虽然苏联法学教育模式、大陆法系法学教育模式、混合法学教育模式和中国特色社会主义法学教育模式有着较大的差异，但是，"历史是延续的"，每一种模式在当时都发挥过积极的作用，都是中国法学教育发展前进的历史基础。就像中国特色社会主义法学教育模式仅是初步形成，随着中国特色社会主义事业的进一步发展和社会主义法治国家建设的继续推进，中国特色社会主义法学教育模式必将逐步走向成熟和完善。这是因为，虽然同一种法学教育模式的基本特征不会改变，但是构建法学教育模式的制度或者规则却处于一种发展而非静止的态势。

1.3 中国特色社会主义法学教育模式初步形成

新中国成立70多年，特别是改革开放40多年来，中国法学教育取得了举世瞩目的成绩，法学教育的模式历经了从新中国成立初期的苏联法学教育模式到大陆法系国家法学教育模式、再到混合法学教育模式的变迁，中国特色社会主义法学教育模式在逐步孕育之中。科学发展观提出后，法学教育在全面反思、调整和发展的过程中，具有中国特色的社会主义法学教育模式初步形成。中国特色社会主义法学教育模式初步形成的基本标志主要体现在如下几个方面。

1.3.1 多层次的高等法学教育体系趋向成熟

中国法学教育历经70多年的发展，在学历层次上由中专、大专、本科、研究生构成。随着中国特色社会主义法学教育模式的初步形成，中专教育已被取消，大专教育呈现缩减之势，但仍将存留一段时间。目前，一个以法学学士、硕士、博士教育为主体，以法学专科教育等为补充的多层次高等法学教育体系已经建立起来并日趋成熟。然而，无论是美国的法学教育模式还是大陆法系国家的法学教育模式，其法学教育体系中均无法律中专和法律大专之层次。美国法学教育的起点是文科学士学位（BA）或者理科学士学位（BS），法学院颁发第一个法律学位是法律博士（JD）。获得JD者，就可以开始从事相应的法律工作，或者再用一年左右的时间继续攻读专业化程度比较高的法学硕士学位（LLM），然后再用大约三年的时间攻读法学博士学位（JSD）。德国的法学教育是从法律专业学士学位开始，获得法律专业学士学位者如果继续深造，可以取得法学硕士学位和法学博士学位。如果不想继续深造，毕业生经过若干年的法律职业培训和专业实习，取得相应的专业资格，可以正式成为法律职业者。

从1977年到1996年的近20年，中国法学教育在培养对象上主要以法律中专生、法律大专生和法律本科生为主，法学硕士和法学博士的培养数量相对较少。从1996年开始，中国对法学教育政策进行了调整，法律中专被逐步取消，法律大专数量呈减少趋势，法学学士、法学硕士、法学博士的招生规模不断扩大，特别是伴随着1996年法律硕士专业学位研究生的招生培养，法学学位由原来的法学学士、法学硕士和法学博士三个学位层次发展为四个，法学专科、资格证书培训和专业证书培训成为法学教育的有机补充，共同构成了具有中国特色的法学教育层次体系。

70多年来，随着中国法律专业教育大众化方针的推行，法律本科教育的总体规模在整个法学教育中的比重呈逐步扩大之势。中国法学本科教育规模位居世界首位，进入了国际公认的大众化发展阶段，成为与世界两大法学教育模式呈鼎足之势之根基。

中国法学硕士学位研究生主要招收法律专业本科生，定位于为法学教育和法学研究培养研究型人才，其毕业生是学术法律人，而非实务法律人。从中国目前按法学二级学科设置专业招收和培养研究生的现状，可以看出法学硕士教育明显的学术性指向。

中国法律硕士教育经历了一个从法学本科生与非法学本科生兼招到限于招收非法学本科生的过程，定位于培养立法、司法、行政执法、法律服务与法律监督以及经济管理等方面需要的高层次法律专业人才和管理人才。从1996年试办，到2006年实现"转正"，国家先后分8批设立了79个试点单位。这79个试点单位涵盖了中央和地方所属的，以及综合性、政法、财经、师范、民族、军事等不同类型、不同行业特色的高校和科研机构，囊括了中国高水平的、有培养法律专门人才优越条件和办学实力的高校和科研机构。中国实行的全日制与在职攻读双轨并行的法律硕士教育二元结构体制，收到了良好的效果。在职法律硕士绝大多数已经成为各地各级司法机关、法律服务机构、党政企事业单位和社会管理机关的领导或者骨干，为促进当地经济、政治和社会的发展，为维护社会稳定，作出了不可磨灭的贡献。

70多年来，随着研究生招生规模的不断扩大，中国法学博士教育亦得到空前发展，成为中国法学教育和法学研究的中坚力量。

法律大专是中国法学教育的独有特色。新中国成立以来，法律专科经历了一个从无到有的过程。1949—1952年，全国根本就没有专科生。1953—1963年，本科生占全体学生总数的90%以上。1996年，中国各类法律本科生有 8.1 万人，专科生达到 20.5 万人。可见法律专科教育曾经在整个法学教育中占绝对统治地位。随着全面依法治国基本方略的实施和推进，社会对法律人才的素质要求越来越高，从事法律职业的学历门槛提高到本科，法律大专教育逐步呈萎缩趋势。但是，考虑到中国地区教育发展和人才培养的不平衡，从 2008 年开始，国家在发达地区逐步缩小法律大专教育规模的同时，一方面继续鼓励西部欠发达地区的法律专科教育，另一方面采取有效措施加大对西部地区以法律大专为主的法律人才定向培养。截至 2010 年年底，国家已经确定从退役军人、院校毕业学生中选拔培养 5 160 名法律专科、本科（双学位）、研究生定向分配到西部公安、检察、法院和律师系统，西南政法大学、中国人民公安大学等院校成为首批试点培养学校。这意味着法律专科在中国还将存续一段时间。

新中国成立 70 多年来，以法学学士、硕士、博士教育为主体，以法学专科教育等为补充的多层次高等法学教育体系已趋成熟，成为中国特色社会主义法学教育模式的重要标志。

1.3.2 多元化的法律人才培养模式基本形成

美国法学教育实行以培养法律实践人才为目标、以职业教育和实务训练为主，兼顾理论学习的法律职业教育人才培养模式；大陆法系国家的法学教育强调提供理论基础、而不是法律职业训练；欧洲法学教育强调素质教育和职业教育分阶段进行，每个阶段各有侧重。中国法律人才培养模式的特点是，既有以传授法学理论和法律知识为主的法学基本教育，又有具有行业专业特色的法学特色教育，还有贯穿于法律职业生涯的继续教育。

法学基础教育是中国法律人才培养模式的基本内容。虽然中国的法学教育机构形式多样，体系多层次，法学教育的具体开展过程有所差别，但是，法学基本教育却是共同的，即以法学基本理论和法律知识作为最基本的教学内容。以法学本科教育为例，在法学专业课程的设置上，法理学、宪法学、中国法制史、行政法与行政诉讼法、刑法、刑事诉讼法、民法、民事诉讼法、经济法、商法、知识产权法、国际法、国际私法、国际经济法 14 门课程，为国家统一规定的法学专业核心课程，是法学本科教育的主要内容。法律大专和法学硕士、法律硕士、法学博士也均有其层次不同、学科各异的法学基本教育内容，并初步形成了整体上的一致性。

在中国，除了传统的政法类院校和综合性大学开展法学教育外，一部分专业性较强的高等院校（如财经院校、民族院校、农林院校、理工院校、师范院校、医学院校等）也利用自身资源优势开展富有特色的法学教育，这是中国法学教育在发展过程中形成的一大特色。

在70多年的发展历程中，除去高等院校和科研机构开展法学教育之外，中国还探索出了独具特色、形式多样的法学继续教育。中国法学继续教育的特征主要有：第一，针对司法职业人员的各种在职学位的教育，如在职法学硕士、在职法律硕士、在职法学博士教育；第二，法院、检察院、律师、公证等部门结合本职业特点和实务需要进行的各种职业培训和教育，建立了形式多样、各具特色的法律职业培训体系；第三，中央及地方党校通过党政干部培训班、在职研究生教育等形式开展的继续教育。上述不同形式的法学继续教育，有效地承继了高等院校和科研机构的校内法律职业教育，成为中国法学教育中不可或缺的重要组成部分。

新中国成立70多年来，中国法学的基本教育、特色教育和继续教育有机结合的多元化法律人才培养模式已经基本形成。法律人才培养模式的多元化是中国法学教育模式的一大特色。

1.3.3 多轨制的法学教育制度初步完善

经过70多年的探索和实践，以高等院校和科研机构为主体，以在校法科学生为主要对象的法律素质教育；以法官学院、检察官学院、司法行政学院等为主体，以法律职业人员为主要对象的法律职业教育；由各级司法行政部门统一组织实施的全民普法教育，构成了中国法学教育制度的基本内容。这一相互补充、相互衔接的多轨制的法学教育制度，既不同于法学教育的美国模式，也有别于法学教育的大陆法系国家模式，具有鲜明的中国特色。

法律素质教育主要是对在校法律专业学生传授法学理论和法律知识，培养学生的法律素养和运用法学理论、法律知识解决实际问题的能力，是一个国家法学教育的基础。在中国，法律素质教育主要由普通高校和科研机构承担，中国承担法律素质教育的高等院校既有普通高等政法院校，也有公办综合性高等教育机构的法学院系和公办非综合性高等教育机构的法学院系，还有公安、警官类高等院校和具备法学教育职能的民办高校等教育机构等。在中国，中国社会科学院法学研究所等科研机构也承担着法律素质教育的重要职能。中国的高等院校承担从法律中专到法学博士的各层次法律素质教育,科研机构则以培养精英型法律人才为目标,培养法学硕士研究生以上层次人才。

70多年来,中国的法律职业教育已经发展成为建立在法律素质教育之上的独具中国特色的法学教育制度。经过70多年的发展,中国普通高校和科研机构一般不再开展系统的法律职业教育,法律职业教育的任务主要由普通高等法律职业院校和法学职业教育机构承担。普通高等法律职业院校多数是为满足法律职业教育的需要,在政法管理干部学院(校)或者司法学校法律业余大学基础上建立起来的,其同时开展面向政法系统的高层次人才培训。这些院校数量较少,截至2010年年底,只有北京政法职业学院、河北政法职业学院、海南政法职业学院3所。以法官、检察官、律师、公证员类等为对象的法律职业教育由国家设立的法学职业教育机构承担。如法官学院和检察官学院分别针对法官和检察官进行职业教育和培训。司法部司法行政学院培训负责司法行政系统处级以上领导干部和县(市)司法局局长、高级律师、高级公证员的晋职培训和继续教育,国际经贸法律和外语强化培训,本系统和其他行业有关人员法律专业证书教育,基层法律服务人员、人民调解员骨干和师资的专项培训,司法行政系统人员国际交流与合作办学以及接受委托面向社会各行业、部门的法律培训。

在中国,除去高等学校的法学教育和法律职业机构的职业教育之外,从1986年开始,由各级司法行政机关统一组织的对一切有接受教育能力的公民实施的旨在普及法律知识、传播法治理念、树立法治信仰的普法教育,这也是中国法学教育的组成部分。这种教育在世界法学教育中具有鲜明的中国特色,不论从对象、目的、内容上,都与高等院校法学教育和法律职业教育有所不同。全民普法教育是由中国各级司法行政机关负责组织实施的、与法律素质教育和法律职业教育相互补充、相互影响、相互渗透的具有鲜明中国特色的法学教育制度。全民普法教育的教育对象是一切有接受教育能力的中国公民,旨在全国范围内普及法律知识,传播法治理念,树立法治信仰。从1986年以来的20余年里,中国先后进行了五次普法教育。经过五次普法教育,中国公民的法律意识大大增强,社会主义法治理念进一步深入人心,普法教育取得了良好的效果,形成了成熟的经验。普法教育与法律素质教育和法律职业教育成为世界独一无二的中国特色法学教育制度的"三驾马车"。

相当长的一个时期以来,学者对中国问题的研究多是批判和否定,总是以西方的制度标准找寻中国现实的不足作为学术研究的路径选择，这固然是方法论之一，但是，该种研究问题的思路是偏颇的，至少是不全面的。泱泱大国，五千多年的文化积淀，难道就没有自己的道路？回到法学教育的话题，笔者认为，站在世界屋脊，把握中国国情，总结中国法学教育70多年走过的路程，得出法学教育中国模式已经初步形成的基本结论，并科学把握这一模式运行的基本规律，就是中国法学教育未来发展的康庄大道。

与大陆法系国家法律素质教育模式和英美法系国家法律职业教育模式相比，中国多元化法学教育模式在发展中必然面临着更为复杂的矛盾。这些矛盾包括管理模式与调控机制的配套问题，法学教育市场化与法学教育质量的冲突问题，多重办学机制与教师素质评价的协调问题，等等。出现在中国面前的这些问题，既有历史遗留的问题，又有发展中产生的问题，也有正在形成的问题；既有宏观社会调控的不足，又有中观管理模式的漏洞，也有微观操作制度的缺陷。这些问题既与多元化法学教育模式伴生，又带有历史承继的印迹。这些问题的存在表明中国法学教育模式在前行的路上需要迎接一个又一个的挑战，并向未来法学教育提出了新的任务，需要我们适应多元化法学教育中国模式的需要，重新定位教育功能，重新构架法学教育质量评估体系，全面展开教师队伍的重组，等等。

新中国成立70多年的实践表明，法学兴则法治兴，法治兴则国运兴，国运兴则法学更兴。未来是中国法治成熟时期，法治的特征是从以立法为中心转向以司法为中心。与此相适应的中国法学教育必然凸显出这一转变过程的特点，呼唤中国法学的繁荣发展，要求法学研究的深化提高，推动法学教育的改革创新，引领法学人才的优胜劣汰。法治时代是改革、创新和发展的时代，从这种意义上讲，法学教育的中国模式将逐步成熟完善。

2 法学教育的价值分析

法学教育的价值在于培养具备法律思维和法律素养的专业人才，使其在法治社会中发挥重要作用。通过系统学习法律原理、法律体系和法律实践，学生的法治观念、法律意识和法律技能得到强化，能够运用法律手段解决社会问题、维护社会秩序、保障公平正义。同时，法学教育也促使学生形成独立思考、辨析问题、合理推理的能力，在不同领域具有广泛的适应性和应用价值。在现代社会中，法学教育的价值越发凸显，它不仅是法律专业人才的必由之路，而且是公民素质提升和社会进步的重要支撑。

2.1 法学适用领域中的价值导向思考

价值导向思考是指在决策和解决问题的过程中，将价值观和伦理原则作为指导，确保所采取的行动符合一定的道德标准和社会价值。这种思考方式在许多领域都起着重要的作用，包括伦理学、法律、商业、经济、教育、政治等。

2.1.1 伦理学与医学领域

在伦理学与医学领域，价值导向思考是非常关键的，因为医疗决策和治疗方案事关人的生命和健康。在现实中，医生面临着许多伦理困境，如在救治病人时，如何权衡生命延续和生活质量的问题。医生需要根据价值观和道德准则来做出决策，以最大限度地尊重患者的自主权和福祉。另外，生命伦理学领域中的议题，也需要价值导向思考，以平衡不同的道德和社会观点。

2.1.1.1 法律规范与伦理准则的交叉

法学与伦理学在某种程度上是共同关注人类行为的规范和道德原则。在医学领域，伦理学尤为重要，因为医生与患者之间的关系牵涉生命和健康，以及个体的尊严和权利。法律通过制定医疗伦理规范和法规，保障患者的权益，规范医生的行为，例如患者的知情同意权、隐私保护权、医疗纠纷解决权等。

2.1.1.2 法律制度与医疗管理的结合

医学领域对于临床实践的管理要求严格，这涉及疾病的诊断、治疗和用药等方面。法学通过建立医疗法律制度，监管医疗机构和医生的行为，确保医疗服务的质量和安全。例如，药品监管、医疗器械许可、医院管理规范等都是法律对医学领域的重要干预。

2.1.1.3 伦理冲突与法律纠纷的解决

在医学伦理领域，常常会出现道德与法律之间的冲突。例如，医学技术的进步可能引发诸如安乐死、人工生育等伦理难题。这时，法律制度发挥着调解和裁决的作用，以确保公平和正义。通过立法和司法实践，法律尝试在平衡各方利益的基础上做出决策，解决伦理冲突，维持社会稳定，保护公众利益。

2.1.1.4 法律对伦理进步的引导

随着科技和医学的不断发展，伦理学面临新的挑战和变革。例如，基因编辑技术和人工智能技术在医学领域的应用将引发新的伦理问题。法学作为社会的规范体系，需要不断更新法律制度以应对这些变革，保障公众利益，同时推动伦理学的进步。

2.1.2 商业和经济领域

在商业和经济决策中，价值导向思考有助于确保企业的社会责任和可持续性。企业领导者需要考虑经济利益外的其他因素，如社会责任、环境保护、员工福利、客户满意度等。例如，一家公司在制订营销策略时，如果过度宣传虚假信息或欺骗消费者，虽然可能在短期内获利，但违背了价值导向思考，会损害公司的声誉、防碍公司的可持续发展。

2.1.2.1 规范经济行为

法学在商业和经济领域的主要功能是制定和实施法律规则，以确保经济活动在一定的法律框架内进行。法律规范可以为商业交易、合同签订、公司管理等经济活动提供明确的法律准则，从而促进经济发展和市场秩序的良好运行。例如，公司法规定了公司组织形式、公司治理结构和股东权益，保护了投资者的利益，提高了市场信任度，吸引了更多的资本流入，推动了经济的繁荣。

2.1.2.2 解决经济争端和保障权益

商业和经济领域常常涉及复杂的合同、知识产权、商标等权益问题，这些问题需要法律来解决。法学为当事人提供了一个公平、公正的争端解决机制，司法程序或仲裁机制可以保障当事人的合法权益。例如，知识产权法的实施保护了创新者的权益，鼓励科技创新和技术转让，为经济的持续发展提供了动力。

2.1.2.3 维护市场秩序和公平竞争

商业和经济领域的公平竞争对于市场的平稳运行至关重要。法学通过反垄断法、反不正当竞争法等规定，保障市场公平竞争，防止市场垄断和滥用市场支配地位的行为，促进经济健康发展。例如，反垄断法的实施防止了垄断企业通过不正当手段排挤竞争对手，维护了公平竞争的市场环境，促进了经济效率和社会福利的提升。

2.1.2.4 鼓励投资和创业

稳定和健全的法律体系为投资者和创业者提供了可靠的保障。投资法、税法等相关法律规定为投资者提供法律保障，鼓励更多人投资和创业，推动经济的增长和创新。例如，投资法规定了外国投资者在国内投资的权益保障和优惠政策，吸引了大量外国直接投资，推动了中国经济的发展。

2.1.3 政治和法律领域

在政治和法律决策中，价值导向思考对于确保公平正义至关重要。政治家和立法者在制定法律和政策时，需要考虑各种价值观和社会利益，以维护社会秩序和公共利益。例如，在制定社会福利政策时，政府需要平衡经济效益和社会公平之间的关系，保障弱势群体的权益。而在司法领域，法官和律师也需要进行价值导向思考，确保裁判和辩护过程公正、公平，并遵循普遍的法律伦理原则。

2.1.3.1 法治的价值导向

法律的核心价值在于法治。法治是一种政治和法律秩序的理念，强调通过法律来规范政治和社会行为，实现权力的制约和公平正义。法学通过研究法律的体系、原则和制度，推动法治观念的普及和深入，使政治和法律体系更加稳健、公正、合理。例如，宪法是法治的最高形式，通过宪法确立的权利和义务，为政治和法律提供了最基本的框架。

2.1.3.2 公平正义的追求

法学在政治和法律领域也强调公平正义的价值导向。司法是法学的一个重要分支，其核心目标是为公民提供公平正义的保障。法学追求对权利的保护和决策的公平，通过独立的司法机构、公正的审判程序和法律适用确保社会公正。例如，如美国《布朗诉教育委员会案》以及南非的《真相与和解委员会》，都是为了追求公平正义而做出努力。

2.1.3.3 国家治理和社会秩序

法学在政治和法律领域的价值导向还体现在维护国家治理和社会秩序方面。法律作为国家的基本管理工具，规范着国家行政机构的权力运行和社会成员的行为。法学通过研究法律制度和法律实践，为国家治理和社会秩序提供科学依据。例如，现代国家的刑法、民法、行政法等都是法学对国家治理和社会秩序的重要贡献。

2.1.3.4 促进社会进步和变革

法学的价值导向还在于促进社会进步和变革。法律体系的不断完善和法律理论的不断创新，为社会的发展提供了法律保障和智力支持。法学对新兴领域的研究成果，如环境法、网络法等，都在适应社会变革的需求，推动社会的进步和发展。

2.2 法学对于法律实务的意义

法学对于法律实务的意义在于为实践提供依据和指导，推动法律合理化和规范化，解决问题和纠纷，监督和改革法律制度。它是法律实践不可或缺的重要组成部分，保障了社会的秩序与公平，维护了人民的合法权益。

2.2.1 法律实施的依据与指导

法学作为研究法律规范的学科，为法律实务提供了科学的依据和指导。通过对法律法规、司法解释、判例等进行研究，法学家能够深入理解法律的精神和原则，为法律实践提供明确的解释和解读，保证法律的正确实施。

2.2.1.1 法学提供法律实施的法律依据

法学是对法律规范和法律制度进行研究和解释的学科，它研究法律的形成、内容、适用等方面的规律。在法律实务中，法学提供了法律依据，指导司法机关、执法部门和其他相关机构正确地理解和适用法律。例如，宪法、法律、法规等都是法学研究的对象，法学通过解读这些法律文件，帮助实务工作者了解法律规范的内涵和适用范围，从而在实际工作中做出正确的决策。

（1）法律法规的制定与解释。法学通过立法机关制定法律法规，为社会行为提供明确的法律规范。法学家通过研究法律条文、立法宗旨以及相关法律解释，为法律的实施提供依据。例如，刑法中明确规定了各类犯罪行为及其相应的刑罚，法学家通过对刑法的解释和研究，为司法实践提供了具体的法律适用指导。

（2）先例法与判例法的应用。在判决案件时，法官常常会参考类似案例的判决结果，这被称为先例法或判例法。法学家通过研究和整理先例，为类似案件的判决提供法律依据。例如，一国最高法院的判决在类似案件中具有法律约束力，这需要法学家对先例案件的细节和判决逻辑进行深入分析，为判决提供合理依据。

（3）合同法和民事责任的规定。在合同法领域，法学家研究合同法规定，为合同当事人提供合同订立、履行和违约等方面的法律指导。同样，民事责任的规定也需要法学家深入研究，为法院判决民事纠纷提供法律依据，确保权益的保护和公平的实现。

（4）行政法与行政决策的合法性。法学家研究行政法规定，监督行政机关的决策合法性。行政决策需要遵循法律规定，法学家通过研究法律，为行政机关提供法律合规性的指导，防止滥用职权和侵犯公民权益。

（5）国际法和国际条约的适用。法学不仅在国内法领域具有重要作用，还在国际法领域发挥着重要作用。国际法学者通过研究国际法原则和国际条约，为国际事务的处理提供法律依据，确保国际关系的和平与稳定。

2.2.1.2 法学解释法律条文的含义与适用

法律条文往往具有普遍性和抽象性，因此在实践中，需要对其进行具体解释和适用。法学在这方面发挥着重要作用。通过对法律条文的研究和分析，法学家能够揭示法律条文的真实意图和目的，帮助司法机关在具体案件中正确理解法律条文，并将其具体应用于特定情况。因此，法学为法律实施提供了重要的指导和依据，确保了法律的公正与合理。

2.2.1.3　法学为法律实践提供解决问题的思路和方法

在法律实务中，常常会遇到复杂的案件和疑难法律问题。法学研究法律的基本理论和方法，可以为实务工作者提供解决问题的思路和方法。例如，法学家研究法律的解释原则和法律的系统性，可以帮助法官在面对模糊或矛盾的法律规定时，找到合理的解决方案。

（1）法律原则和规则的解释与应用。法学通过解释和应用法律原则、规则，为法律实践提供基础框架。例如，在合同纠纷中，法学家会根据契约法的原则解释条款，推演出具体的法律适用，帮助纠纷双方解决争议。

（2）案例法与判例法的运用。案例法和判例法是法学家分析历史判例的方法，为类似情况下的法律问题提供解决思路。法官在审理案件时通常会考虑类似案例的判决，借鉴过去的裁判经验，这么做有助于保持判决的连贯性和预测性。

（3）比较法。比较法是一种将不同国家或地区的法律体系进行比较，从中提取有益经验的方法。法学家可以通过比较法，找到其他国家在类似问题上的解决方法，从而为本国法律实践提供启示。

（4）法律哲学与伦理学的借鉴。法律哲学和伦理学探讨法律的本质、道德背景和社会意义。这些学科可以为法律实践提供更深层次的思考。例如，通过伦理学的视角，可以探讨医学伦理问题中的人权和公平等价值观。

（5）立法与政策制定的指导。法学在立法过程中提供法律文本的撰写方法，确保法律的严谨性和可操作性。同时，法学家还可以为政策制定者提供法律、社会和经济因素的综合分析，以便制定出更为合理和可行的政策。

（6）司法实践的监督与评价。法学通过对司法实践进行监督与评价，提供了司法判决的合理性和公正性的标准。例如，法学家可以从法律逻辑和伦理道德角度评价法院的判决是否符合法律精神和社会价值。

2.2.1.4　法学对法律实施的监督与评估

法学不仅关注法律的内容和适用，还关注法律实施的效果和影响。法学家通过对法律实施的监督与评估，发现实践中的问题和不足，并提出改进建议。这有助于完善法律制度，提高法律实施的效率和公正性。

（1）法律体系的建构与规范制定。法学通过研究法律体系的理论基础、法律原则和法条等，为法律实施提供了构建和制定的理论依据。例如，一项新的法律政策需要建立在现有法律体系的基础上，法学家可以从法律逻辑和原则出发，指导政府或立法机关制定合理的法律法规。

（2）法律解释与裁判实践。法学为法律的具体解释提供了理论框架，尤其是在司法实践中，法学家的观点对于法律的适用和解释有着重要影响。法官在审理案件时，常常需要参考法学界对于法律条文的解释，以确保司法判决的合理性和公正性。例如，美国宪法的解释依赖法学家对于其历史背景、原意和演变的研究。

（3）法律监督与评估。法学通过研究法律实施的效果和影响，为法律的监督与评估提供了理论基础。法学家可以通过分析实际案例、社会反馈和统计数据等，评估法律政策的成效和问题，为政府和立法机关提供改进和调整的建议。例如，一项环境保护法律的实施效果可以通过法学家对于环境指标和数据的分析进行评估。

（4）法律伦理与社会正义。法学在法律实施中关注法律伦理和社会正义的问题，确保法律政策与道德价值和社会公平相符。法学家可以从伦理学和社会学等角度出发，分析法律政策对于不同群体的影响，从而提出关于权利保障和社会平等的建议。例如，反歧视法律的实施需要考虑不同族群和社会群体的平等权利。

2.2.2 法律实践的合理化和规范化

法学通过对法律制度和程序的研究，推动法律实践的合理化和规范化。合理的法律体系能够确保公平正义，规范的程序能够确保司法公正。法学家在研究中发现问题、提出建议，帮助完善法律制度，使之更加科学有效地应用于实践。

2.2.2.1 法律制度与法治建设

法学通过深入研究法律原理、规范和制度，为建立健全的法治体系提供理论支撑和指导。通过制定明确的法律法规，法学使得法律实践更加规范，确保司法机关和执法部门在实践中依法行事，避免随意性和武断性的决策。例如，一个国家的宪法是最高的法律，法学家对宪法进行研究，可以确立宪法在国家法律体系中的地位和作用,保证宪法在法律实践中的权威性和可执行性。

(1)法律制度的建立和完善。法治建设强调建立健全的法律制度,确保社会各界行为在法律的规范下进行。合理化和规范化的法律实践要求制定明确的法律规则,涵盖社会各个领域,从而为公民和机构提供明确的行为准则。例如,经济领域的公司法、劳动法、知识产权法等,都为商业活动提供了法律框架,促进了经济秩序的规范运行。

(2)法律适用的一致性和公正性。合理化和规范化的法律实践要求法律适用的一致性和公正性。即使法律制度完备,但如果在实际适用中存在主观偏差或不公平,就会破坏法治的基础。法律实践应该以客观、公正的标准来判断案件,避免歧视和偏见。例如,刑事案件的审判需要遵循证据的严密性和合法性,确保被告人的权利受到保障。

(3)法律教育与宣传。强调通过法律教育和宣传来普及法律知识,可以提高公民的法律素养和守法意识。法治建设强调社会各成员都应了解自己的权利和义务,并遵循法律规定。法律机构和学术界需要联合起来,开展法律普及活动,帮助公众理解法律的重要性和作用。

(4)法律监督和反腐败。法治建设要求建立有效的法律监督体系,确保法律得到切实执行。合理化和规范化的法律实践强调反腐败工作的重要性,防止腐败行为破坏法治的基础。反腐败法律制度的建立和执法力度的加强,有助于维护社会的公平正义和法治秩序。

2.2.2.2 法律解释与裁判统一

法学对于法律的解释和裁判具有重要意义。法学家通过研究判例和法理,提供对法律条文的解释和适用,使得司法实践更加合理化和一致化。这有助于避免不同法官在类似案件中做出截然不同的判决,保障法律的公正性和稳定性。例如,在普通刑事案件中,法学家对于相关法律条文的解释可以帮助法官在刑事案件中准确适用法律,确保判决的合理性和公正性。

(1)法律解释的重要性。法律条文通常在表述上不可能涵盖所有情况,因此,法律解释的任务在于填补条文的漏洞和模糊之处,为法律实践提供具体指导。解释可以通过立法者、司法机关、学者等进行,以确保法律在不同实际情境中得到正确适用。

(2)裁判统一的作用。裁判统一是指在相似案件中,不同法院对于法律问题的判决保持一致性。这有助于确保法律在全国范围内的一致适用，避免司法实践的碎片化和法律适用的不确定性。统一的裁判还有助于确保公平正义，避免类似案件因地区不同而产生不同结果。

（3）司法解释与立法的关系。在合理化和规范化的法律实践中，司法解释与立法之间的关系紧密相连。当法律条文模糊或无法适用于特定案件时，司法机关可以通过司法解释来填补法律的空白。司法解释不仅是法律实践的必要手段，也是法律制度适应社会变化的一种机制。

（4）判例法与先例效力。判例法是一种基于先前裁判结果的法律体系。通过积累先例，法院可以在类似案件中借鉴过去的判决，确保类似案件的判决结果一致。这种判例法体系对于维护司法一致性和预测司法判决结果具有重要意义。

（5）司法解释的权威性。司法解释在法律实践中的权威性至关重要。如果司法解释缺乏权威性，可能导致不同法院对同一法律问题有不同的解释，从而影响裁判的一致性。因此，司法机关需要建立权威性的解释机制，确保解释的合理性和统一性。

《中华人民共和国刑事诉讼法》规定了很多程序性条款，然而在实际案件中，难免会遇到一些细节问题，比如证据收集、审查逮捕等。最高人民法院通过发布司法解释，对这些细节问题进行解释，确保法律适用的一致性和合理性。这些司法解释在一定程度上填补了法律条文的空白，为法官在实际审判中提供了指导。同时，这些解释也在一定程度上体现了司法机关的权威性和专业性。

2.2.2.3 法律风险评估与预防

法学通过研究法律制度和相关案例，为社会各界提供法律风险评估和预防建议。企业、个人在开展商业活动或从事日常行为时，可能面临各种法律风险，法学家的研究和咨询能够帮助他们避免违法行为，合理规避法律风险。例如，一家企业计划进行一项新的商业活动，法学家可以对相关法律进行分析，评估该活动可能面临的法律风险，提供相应的合规建议，使得企业的活动合法和规范。

（1）法律风险评估的必要性。法律风险评估是对法律实践中可能出现的风险进行系统分析和评估，旨在识别、量化和优先处理可能的法律风险。例如，在商业合同中，法律风险评估可以帮助预测合同违约、纠纷发生的可能性，从而有针对性地采取预防措施。

（2）风险识别与定性分析。在法律实践中，首先需要识别潜在的法律风险，包括法律法规不明确、合同条款模糊等。然后，进行定性分析，判断这些风险对业务活动的影响程度和可能性。例如，企业在拟定广告宣传时，需要评估涉及的广告法律法规，以确保广告内容合法合规，避免法律诉讼。

（3）风险量化与概率分析。对于一些重要的法律风险，可以进行量化分析，即通过概率和影响程度来评估风险的大小。例如，投资项目的法律合规性可能会影响项目的收益和成本，通过概率分析可以估算出不同风险事件的可能性和对项目的影响程度。

（4）预防措施的制定与实施。基于法律风险评估的结果，法律实践者可以制定相应的预防措施，以减少或消除潜在风险。这可能包括修改合同条款、增加法律审查环节、提供员工培训等。例如，金融机构在推出新金融产品时，会针对可能的法律风险制定相关的风险管理方案。

（5）风险监控与调整。法律风险预防是一个持续的过程。法律实践者需要不断监控风险的发展，及时调整预防措施，以适应法律环境的变化。例如，企业在遵守环境法规时，需要随时关注法律法规的更新和变化，确保持续合规。

2.2.2.4 法律创新与适应社会需求

社会在不断发展变化，新的社会问题和矛盾不断涌现。法学的研究使得法律体系能够及时创新和适应社会需求，制定新的法律规范以解决实际问题，保障社会的稳定和发展。例如，随着互联网的发展，电子商务的兴起，法学家参与相关法律的制定与研究，为电子商务领域提供合理的法律规范，促进电子商务的健康发展。

（1）法律创新的意义。社会不断发展变化，新兴技术、经济模式以及社会关系的演变会导致新的法律问题和挑战。为适应这些变化，法律系统需要创新，以填补法律的漏洞，解决新兴问题。例如，互联网的兴起引发了涉网犯罪和个人信息保护等法律问题，需要创新法律制度来应对。

（2）法律创新的方法。法律创新包括修改现有法律、制定新的法律、建立法律机构等。例如，随着人工智能的发展，许多国家开始探讨人工智能相关法律，以规范人工智能的使用和责任。在创新法律时，需要综合考虑科技、社会、伦理等多方面因素。

（3）社会需求的反映。法律的创新应该与社会需求相一致。法律制度不应孤立于社会，而是应根据社会的需要来调整和优化。例如，同性婚姻合法化在很多国家是法律创新的体现，反映了社会对平等权利的需求。

（4）适应性法律制度。法律创新需要具有一定的灵活性，并能够适应社会的快速变化。如果法律制度过于僵化，就难以有效应对新的问题和挑战。例如，一些国家在环保领域采用了灵活的法律制度，以适应不同环境和条件下的保护需求。

（5）立法流程的改进。为了更好地适应社会需求，一些国家采取了开放、民主的立法流程，鼓励公众参与法律的制定。这样可以确保法律创新更加贴近社会实际，反映多元化的观点。例如，德国的立法过程就注重公众参与，以确保法律创新的代表性。

2.2.3 法律实践的问题解决与纠纷调解

在实际的法律实践中，常常会遇到一些复杂的法律问题和纠纷。法学家通过对相关法律文书和案例的研究，为解决实际问题提供有力的支持和指导。在诉讼中，律师的角色尤为重要，他们基于法学知识，代表当事人提供法律服务，协助解决纠纷。

2.2.3.1 法律实践中的问题解决

法学作为法律理论的体系，提供了对于法律问题解决的指导性意见和方法。在法律实践中，人们面临各种各样的法律问题，如合同纠纷、财产权益冲突、刑事案件等。通过运用法学知识，律师和法官能够系统地分析法律规定、判例和法学理论，为问题解决提供理论支持和依据。例如，在合同纠纷中，法学原则如契约自由、公平诚实信用等，有助于各方明确权利义务，推动问题的解决。

（1）法律框架与问题识别。法律为社会提供了一个框架，规定了个体和机构的权利、义务和责任。在问题解决和纠纷调解中，法律框架帮助明确各方的权利和义务，为问题的识别提供依据。例如，合同纠纷中，法律规定了合同的要素和效力，帮助确定合同是否有效，从而指引问题的解决方向。

（2）法律原则与权益保护。法律中的公平、公正、合理等原则，为问题解决和纠纷调解提供了价值导向。法律确保个体的权益得到保护，避免不公平的待遇。例如，在劳动纠纷中，法律规定了劳工的权利，保障其获得公平的劳动条件和待遇。

（3）法律程序与程序正义。法律规定了问题解决和纠纷调解的程序，确保公平正义和程序正义。合理的程序能够减少不必要的争议，保障各方的表达权和申诉权。例如，法庭诉讼的程序规则保证了当事人的平等地位，有利于问题的公正解决。

（4）法律解释与法律适用。在问题解决和纠纷调解过程中，法律条款的解释和适用往往是关键。法律解释的一致性和合理性能够为问题的解决提供指引，避免主观性和歧义。例如，刑事案件中，法律对于罪行的界定和量刑的规定，有助于确保问题的公正解决。

（5）法律强制力与协商。法律在问题解决和纠纷调解中具有强制力，可以促使各方遵守约定或裁决。这种强制力在一些情况下能够推动问题的迅速解决，减少争议。然而，在一些情况下，法律也鼓励各方通过协商达成和解，以减轻司法负担。例如，民事纠纷中，法律允许当事人通过调解、和解等方式解决争议。

2.2.3.2 纠纷调解中法律角色的发挥

在纠纷调解中，法学为调解人员提供了专业法律知识和技巧，帮助他们更好地进行调解工作。纠纷调解往往涉及复杂的法律问题，需要调解人员了解相关法规和判例，以便寻找解决方案。通过运用法学理论，调解人员可以客观公正地处理各方的利益冲突，寻求互利共赢的解决方案。例如，在民事纠纷调解中，法学原则有助于指导调解人员正确处理矛盾，达成和解。

（1）提供法律问题解决框架。法律为社会提供了一套系统的框架，用以解决各类问题和纠纷。无论是在商业领域、家庭领域、劳动领域还是其他领域，法律规则为人们提供了权利和义务的明确规定，有助于解决纠纷时确定各方的责任和权益。例如，发生合同纠纷时，法律可以明确权利和义务，从而帮助双方解决争议。

（2）法律程序的指导和保障。在纠纷解决过程中，法律为参与方提供了明确的程序，确保各方平等地行使权利并受到公正对待。法律程序规定了证据的收集、调查、审理等步骤，从而保证了纠纷调解的公平性。例如，法院通过审理案件，遵循合法程序，对证据进行适当的审查，确保双方的合法权益。

（3）提供纠纷解决途径。法律为纠纷的解决提供了多种途径，包括诉讼和非诉讼的方式。诉讼是指通过法院审理来解决争议，而非诉讼包括调解、仲裁等方式。法律提供了不同的解决途径，使当事人能够根据具体情况选择合适的方式解决纠纷。

（4）法律规则的权威性和执行力。法律规则具有强制性和权威性，对于纠纷调解的结果具有指导和约束作用。当事人在纠纷调解中达成协议后，可以借助法律来强制执行协议，确保协议得到履行。例如，法院可以根据当事人的申请，对协议进行强制执行，保障协议的效力。

（5）司法机构的中立裁决。法律体系中的司法机构，如法院，扮演着中立裁决的角色。当纠纷各方无法自行达成一致时，他们可以通过法院来寻求公正的判决。法院会根据法律规定和证据，对纠纷进行审理和判决，维护公平正义。

2.2.3.3 法律实践中的案例参考

法学不仅提供了法律规范和理论，还通过对历史案例的总结和归纳，为类似问题的解决提供经验借鉴。在法律实践中，类似案例的判决和裁决成为律师和法官参考的重要依据，有助于保持判决的一致性和稳定性。例如，在知识产权侵权案件中，过去的类似案例成为法官判决的重要参考，有助于维护对知识产权的保护力度和公正性。

（1）案件审理与问题解决。法律实践通过对案件的审理和解决，为当事人提供了公平、正义的平台。例如，刑事案件中，法院依法审理罪犯的行为，对于犯罪行为作出刑事判决，维护了社会的公共秩序和安宁。这个案例是美国历史上的著名案件之一——布朗诉托皮卡教育委员会案，通过该案件，美国最高法院宣布了种族隔离教育制度违宪，推动了美国种族平等的进步。

（2）民事纠纷调解与和解。在民事纠纷中，法律实践不仅通过司法程序解决争议，还鼓励当事人通过调解达成和解，减轻司法负担。以家庭继承纠纷为例，当多名继承人之间发生争议时，法律实践可以通过调解达成协议，合理分配遗产，维护家庭和睦。这有助于解决纠纷，减少司法资源的浪费。

（3）行政争议解决。在行政领域，公民和政府之间可能出现纠纷。法律实践通过行政诉讼等方式，监督政府的行为合法，保障公民权益。例如，法国的"萨帕塔诉法国"案，涉及移民政策和难民权益，法国法院最终判决政府违反了难民权益，促使法国政府调整政策。

（4）国际争端解决。法律实践在国际层面也起着重要作用。国际仲裁法庭和国际法院等机构通过解决国际争端，维护国际秩序和国家主权。

2.2.3.4 法学推动法律制度的发展与完善

不断研究和反思法律实践中的问题和缺陷，有助于推动法律制度的发展与完善。通过对法律实践中出现的新情况和新问题进行思考，法学家可以提出相应的法律改革建议，为立法和司法实践提供参考。例如，在科技创新与隐私保护的冲突中，法学家可以探讨隐私法律的适用和平衡，促进法律制度与社会需求的协调。

（1）司法判决与法律规范的补充。法律实践中，当涉及复杂或新情况时，现有的法律规定可能显得不够明确。在解决争议时，法官需要根据实际情况做出判断。这些判决可以填补法律规范的空白，为类似情况提供有价值的先例，促进法律制度的进一步完善。例如，随着科技发展，涉及互联网、人工智能等领域的案件，法官的判决为这些新情形下的法律问题提供了指引。

（2）纠纷调解与司法资源优化。纠纷调解作为一种非诉讼解决争议的方式，有助于缓解法院的工作压力，优化司法资源的分配。通过调解，当事人可以在中立的调解员的协助下就争议达成共识，减少了正式诉讼程序的时间和成本。这种方式既推动了法律实践的多元化，也促进了法律制度的灵活性和适应性。

（3）法律实践对法律空白的揭示。通过处理具体案例，法官和律师在法律实践中常常会发现法律规范的不足或空白之处。这些案例可以暴露法律制度中的漏洞，促使立法机构修订旧法或制定新法，以更好地适应社会发展和变化。例如，一些环境保护问题在法律实践中暴露出法律规定的不足，推动了相关立法的修订。

（4）判例法与法律原则的强化。判例法在一定程度上可以视为法律制度的补充，通过判决建立的先例可以被后续案件参考。一系列相关判例逐渐形成了法律原则，这些原则可以在法律实践中被广泛运用。这进一步丰富了法律制度，使其更加全面和精确。例如，经过多次判例，关于侵权赔偿的原则逐渐形成，成为法律实践的指导。

2.2.4 法律实践的监督和改革

法学家对法律实务的监督和改革起着积极的推动作用。通过研究法律实践中的问题和缺陷，提出改革建议，促进法律制度的不断完善和进步。

例如，改革司法制度、优化法律程序、推进司法公正等，都需要法学家的理论研究与实践经验。

2.2.4.1 法律实践的监督

法学通过对法律实践的监督，保障司法公正和法律执行的合法性。法律实践监督包括对司法机关、律师、检察机关等进行监督，确保他们遵循法律规范，公正处理案件，不滥用职权、不徇私枉法。例如，法学界可以通过独立的法学研究机构、法律评论、司法监督等手段，对司法判决是否符合法律原则和正义进行评估，从而发现问题，推动司法改革。

（1）司法独立与监督机制。司法独立是维护法治的重要基石，但也需要有效的监督机制以防止权力被滥用。独立的司法委员会或类似机构，如监察委员会、法官道德委员会等，能够对司法机关的工作进行监督，确保司法决策的公正性和透明度。例如，美国的司法委员会负责对法官的行为进行调查和纪律处分，保障司法权力的合法行使。

（2）法律职业道德与自律机制。律师、法官等法律从业者的职业道德是法律实践的重要保障。律师协会等专业组织通过建立道德准则和自律机制，对从业者的行为进行监督和管理，确保他们遵循职业伦理，维护法律职业的良好声誉。例如，英国的律师职业道德委员会负责监督律师的职业道德和行为合规情况。

（3）公众参与与透明度。法律实践应当接受公众的监督。开放的法庭审理和法律决策公告能够增加公众对司法过程的了解，降低不当干预的可能性。同时，公众可以通过投诉机制向有关部门反映不正当行为，推动监督的实施。例如，欧洲法院的审理是公开的，公众和媒体可以观看和报导，确保司法决策的公正和透明。

（4）司法审查与上诉机制。司法审查和上诉机制是对法律实践监督的重要手段。上级法院对下级法院的判决进行审查，确保判决符合法律规定和正义要求。

国际人权标准与监督。国际人权法对国家法律实践也提供了监督机制。国际人权机构，如联合国人权理事会和人权委员会，监督国家履行人权承诺的情况。例如，国际刑事法院审理国际刑事罪行，确保国际人权法的执行。

2.2.4.2 法律实践的改革

法学在法律实践中的意义还体现在推动法律改革方面。法律是社会的规范和秩序，但社会和经济的不断变化，使得法律需要不断更新和改进。法学家通过研究法律实践中存在的问题，发现法律制度的缺陷和不足，提出相应的改革建议，促进法律的进步和完善。例如，社会对某些旧有法律的诟病，如涉及个人权利保护、环境保护、网络安全等方面，法学界的研究和呼吁，可以推动相关法律的修订和完善，以更好地适应社会发展的需求。

（1）司法制度改革。司法制度是法律实践的核心，其改革旨在提高司法公正、保障权益。例如，建立独立的司法机构，加强司法独立性和专业性，确保法官能够独立裁判，远离外部干预。中国在司法体制改革中，设立了独立的法院和检察院，加强了审判权和检察权的独立性。

（2）法律程序改革。法律程序的改革旨在提高司法效率和公正性。引入现代科技手段，例如电子诉讼系统加速诉讼流程，可以减少时间和资源的浪费。同时，推进应用简易程序、和解机制等，以更加灵活的方式解决纠纷，可以减轻法院负担，提高当事人的满意度。

（3）普法教育和公众参与。法律实践改革也包括普法教育和公众参与的促进。普及法律知识，可以提高公众的法律素养，使人们更好地了解自己的权利和义务。此外，鼓励公众参与法律制定和司法监督，增加司法的透明度和公正性。

（4）替代性纠纷解决机制。为了缓解司法压力和减少诉讼成本，替代性纠纷解决机制得到广泛推广。包括调解、仲裁和和解等在内的方式，能够更快速地解决争端，满足当事人的实际需求。例如，中国建立了多层次解决纠纷机制，鼓励当事人在诉讼之前尝试和解或调解。

（5）国际合作与交流。全球化背景下，法律实践改革需要国际合作与交流。分享经验、学习先进做法，有助于提升法律体系的质量。例如，国际商事法庭的设立，促进了国际商务争端的解决，提高了全球商业环境的稳定性和可预测性。

2.2.4.3 法学对司法实践的指导

法学在法律实践中还发挥着指导作用。法学家对于法律理论的研究和深入了解，使其对法律实践有更深刻的理解和把握。在法官、律师、检察官等专业人员的实际工作中，法学家的研究成果可以为他们提供有益的参考和指导。例如，针对某个具体案件中的法律争议，法学家可以通过法学研究和法律解释，为法官提供相关理论依据，有助于判决的准确和公正。

(1) 法律的解释与适用。法学通过对法律文本的解释和适用，为司法实践提供了明确的指引。法官在审理案件时需要根据法律的具体规定和精神，正确判断案件事实并作出公正判决。例如，在合同纠纷案件中，法学原则可以帮助法官解释合同条款的含义，从而确定当事人的权利和义务。

(2) 法理学与判例法。法理学研究法律的基本原则和逻辑，有助于构建统一的法律体系。判例法体系下，先前的判决可以成为后续类似案件的指导。法学家和法官借助先前的判例，可以形成一致性的判决准则，确保司法实践的连贯性和稳定性。

(3) 司法权利与程序保障。法学规定了司法程序的要求和司法权利的保障。司法实践必须遵循公正审理、听证权、辩护权等法律原则，确保被告人的权利得到充分保障。例如，刑事审判中的法定程序原则要求对被告人的审判必须遵循法定的程序，以保障其合法权益。

(4) 司法决策的公正性和可预测性。法学强调司法决策的公正和可预测性。通过明确的法律规则和案例解释，司法决策在相似案件中能够保持一定的一致性，使公众能够预测法律的应用结果。这有助于增强司法制度的合法性和公信力。

(5) 法学与司法改革。法学思想为司法改革提供了理论支持。通过研究法律制度和分析司法实践中的问题，法学家能够提出改革建议，优化司法程序和体系。例如，现代刑事诉讼制度的改革借鉴了国际经验和法学理论，促进了司法公正，提高了司法效率。

2.3　法学在知识上的贡献

法学在知识上的贡献包括构建法律体系与规范体系、推动法律解释与司法实践的发展、解决社会问题、追求人权与公平正义以及进行国际交流与比较研究等方面。法学的不断发展和创新将持续为人类社会的进步和稳定作出积极贡献。

2.3.1　建构法律体系与规范体系

法学在知识上的首要贡献是构建了复杂而完备的法律体系和规范体系。通过法学的研究和实践，人类建立了法律的基本原则、规则和制度，形成了包括宪法、刑法、民法、行政法等在内的法律体系与规范体系。这些体系为社会秩序的维护和社会发展奠定了坚实的基础。

2.3.1.1 法律体系的建构

法学通过对社会、国家和国际事务的规范性要求进行研究，构建了复杂而完备的法律体系。法律体系是指由各种法律规范和法律制度组成的有机整体，包括宪法、民法、刑法、行政法、劳动法、经济法、环境法等各个领域的法律规范。这些法律规范相互联系、相互制约，形成了一个有序的法律体系，为社会提供了明确的法律框架，保障了社会秩序的稳定和有序发展。例如，美国的法律体系由联邦法律、州法律、地方法律等组成，其中联邦宪法为最高法律，为其他法律规范的根基和准绳。各个州的法律不得与联邦宪法相抵触，这样就确保了美国法律体系的统一性和一致性。

2.3.1.2 规范体系的建构

法学为社会制定了一系列行为准则和规范，即法律规范体系。这些规范包括法律原则、法规、法令、法条等，用以约束公民和机构的行为，维护社会公共秩序和公共利益。法律规范体系使社会成员能够清楚了解自己的权利和义务，从而使社会秩序更加稳定和公正。例如，刑法规范了犯罪行为的界定和相应的刑罚，民法规范了民事关系的成立、变更和终止，行政法规范了政府的行政行为，这些规范体系共同构成了一个社会的法治基础，确保了社会的有序运转。

2.3.1.3 法学研究方法的贡献

法学作为一门学科，不仅是一种法律规范的归纳和总结，而且是一种研究法律现象和法律问题的方法论。法学提供了一系列研究法律的科学方法，如比较法学、历史法学、社会学法学、经济学法学等，这些方法有助于深入分析法律问题，为制定更科学、更合理的法律规范提供理论支持。例如，比较法学通过对不同国家或地区法律制度的比较，发现各国法律的优点和缺陷，为立法提供借鉴；历史法学通过对历史法律发展的研究，可以了解法律的演变和发展趋势，为未来制定法律规范提供参考。

2.3.2 推动法律解释与司法实践的发展

法学在知识上推动了对法律的解释和司法实践的发展。法学家通过对法律条文和案例的分析，进行合理解释，帮助法官和律师理解法律的含义和适用范围。司法实践中的法学家则通过对案件的分析和研究，提供法律意见和建议，为司法决策提供重要参考。

2.3.2.1 法律解释的发展

法律解释是指对法律规范的含义、适用范围、解释意图等进行深入研究和解释的过程。法学通过对法律条文、案例和相关文献的分析，发展了不同的法律解释方法，如文本解释、历史解释、制定者意图解释、系统解释等。这些解释方法帮助司法机关和法律从业者理解法律规范的内涵，并在实践中指导正确的法律适用。

2.3.2.2 司法实践的规范与统一

法学对司法实践具有规范和统一作用。法律解释的发展使得法律适用更具预见性和一致性。通过司法实践中对类似案件的处理，形成了一系列的判例和判例法，有助于类似案件的判决结果趋于一致。这为法律适用提供了参考，减少司法裁判的随意性，增强了司法公信力。

2.3.2.3 案例法与法理学的交融

在司法实践中，法律解释与法理学相辅相成。案例法作为一种判例法律的形式，通过对具体案例的分析和判决，形成法律原则。法理学则研究法律的理论基础和体系。法学通过将案例法与法理学相结合，促进了法律理论与实践的相互交流，为司法实践提供了理论指导。

2.3.2.4 法律适用的创新与发展

随着社会的变革和发展，法学不断推动法律适用的创新。通过法学的研究和解释，对新兴问题进行法律规范，如互联网法律、环境法律等。同时，法学还促进了法律制度的完善和修订，以适应社会的需求和变化。

2.3.3 解决社会问题

法学作为一门学科，不仅仅是对法律条文的研究，也包括对社会问题的探讨和解决。法学家通过对社会现象、问题和矛盾的研究，提出相应的法律对策和政策建议，帮助政府和社会机构制定合理的法律和政策，解决社会问题。

2.3.3.1 法律作为社会秩序的基石

法律是社会秩序的基础，它通过制定明确的规则和准则，引导个体和群体的行为，维护社会的稳定和安宁。法学研究可以帮助人们认识社会中存在的问题，分析问题的根本原因，并通过法律的制定和改革来解决问题。例如，社会不公、腐败等问题都可以通过建立健全法律制度来予以解决，确保社会的公平和正义。

2.3.3.2 法律保障公民权利与自由

法律为公民提供了权利保障和救济途径，使他们能够维护自己的合法权益。法学研究可以深入探讨公民的权利和自由受到侵害的情况，通过法律手段追求正义。例如，言论自由、隐私保护、劳工权益等问题，需要法学家研究相关法律规定，为公民提供法律支持。

2.3.3.3 法律解决社会冲突与纠纷

社会问题常伴随着各种冲突和纠纷，而法律是解决这些冲突的重要途径。法学研究可以分析冲突各方的利益和观点，寻求合理的解决方案，促进社会的和谐与稳定。例如，财产纠纷、劳资冲突等问题，需要法律界专业人士运用法律知识来调解和解决。

2.3.3.4 法律引导社会变革与发展

社会在不断变革发展中会出现新的问题，而法律需要及时跟进，适应社会的需要。法学研究可以探讨如何通过法律手段引导社会变革，推动社会的发展。例如，新兴科技带来的隐私保护问题、数字经济的法律监管等，都需要法学家参与，研究制定相应法律政策。

2.3.4 追求人权与公平正义

法学强调对人权和公平正义的保障，是现代社会发展不可或缺的一部分。法学家通过对公民权利、社会公平、司法公正等问题的研究，提出法律改革和完善建议，促进社会的公平和正义，尊重和保护人权。

2.3.4.1 法律保障人权

法学通过制定宪法、法律和国际公约，确保人权得到充分的保障。人权是个体的基本权利，包括生命权、言论自由、宗教信仰自由等。例如，世界范围内普遍认可的《世界人权宣言》和各国宪法都强调了人权的重要性，法律确保了这些权利的实施和维护。

2.3.4.2 司法制度与公平正义

法学构建了司法制度，确保公平正义在社会中得以实现。司法体系通过审判和裁决，保障每个人的权利得到公正的认可。司法独立、审判公正、诉权平等等原则都是法学体系中的基础要素，确保人们在法律面前平等，不受歧视。

2.3.4.3 法律平等原则

法学强调法律面前人人平等，无论种族、性别、宗教、社会地位等，都应受到同样的法律保护。法律制度的平等原则有助于消除社会中的不平等现象，推动社会朝着更加公平正义的方向发展。例如，性别歧视的法律禁止措施和种族平等的法律条款都体现了法律对公平的承诺。

2.3.4.4　法律救济和维权途径

法学提供了维权的途径，让个人和群体能够通过法律手段追求正义。法院、仲裁机构等提供了解决争议的平台，让受到不公平待遇的人们能够寻求救济。例如，劳动权益的维护、消费者权益的保护等，都是法律为人们提供的维权途径。

2.3.4.5　法律改革与社会进步

法学在追求公平正义方面不断进行改革，以适应社会的变革和发展。法律体系需要不断修订，以更好地保障人权和推动社会的公平正义。例如，性别平等法律的完善、环境保护法律的建立等，都是法律体系不断完善的表现。

2.3.5　进行国际交流与比较研究

随着全球化的深入推进，法学的国际交流与比较研究越来越重要。法学家通过对不同国家法律制度和法律文化的比较研究，促进不同国家之间的交流与合作，为全球法律体系的建设和发展做出贡献。

2.3.5.1　法律体系的比较与借鉴

不同国家和地区拥有不同的法律体系，如常见的大陆法系、英美法系等。国际交流与比较研究使得各国可以借鉴其他国家的法律经验，吸收优点，完善本国法律体系。例如，中国的法律改革在一定程度上受到了国外法律制度的启发，如《中华人民共和国民法典》的制定就借鉴了国际先进经验。

2.3.5.2　国际法与国内法的衔接

国际交流与比较研究有助于国际法与国内法的衔接。国际法是各国之间的法律关系，而国内法是各国国内的法律规范。通过比较研究，可以发现国际法与国内法之间的交叉点和冲突，促进国际法在国内法律体系中的有效实施。例如，国际人权法在各国国内的具体落实就需要进行国际交流与比较。

2.3.5.3　全球治理与法律合作

在全球化背景下，许多问题跨越国界，需要国际合作来解决。法律合作成为促进全球治理的重要手段。国际交流与比较研究有助于各国在共同关心的领域进行合作，如环境保护、反恐怖主义、知识产权保护等。例如，国际知识产权法的制定与合作需要不同国家的法学家共同参与和比较研究。

2.3.5.4 法律文化传播与理解

不同国家的法律文化受到历史、宗教、社会制度等因素的影响，因此存在差异。国际交流与比较研究有助于加深各国对彼此法律文化的理解，减少文化冲突，促进和谐发展。例如，通过法学交流，可以理解不同国家在家庭法、婚姻法等领域的不同做法背后的文化因素。

2.3.5.5 国际法律人才培养与学术研究

国际交流与比较研究也促进了国际法律人才的培养和学术研究。学者和法律专业人士可以通过交流合作，共同研究国际法律问题，推动法学研究的发展。例如，国际法律研讨会和国际法学术期刊等促进了国际法律领域的深入探讨。

2.4 法学在诠释上的自我反省

法学在诠释上的自我反省体现在对多元方法、跨学科交叉、法律价值观、文化多样性等方面的思考。这种反省有助于法学更好地应对社会变革和法律发展的需要，保障法律的公平性、合理性和可持续性。

2.4.1 多元诠释方法的探讨

法学诠释常常涉及多种方法，如文本诠释、历史背景诠释、制度性诠释等。法学界逐渐认识到，不同的方法可以产生不同的解释结果，而这可能对司法实践和社会产生重要影响。因此，法学逐渐反思如何在多元诠释方法中平衡各种权衡，以确保诠释结果既保持法律的一致性，又能够满足社会的正义和合理性需求。例如，在美国最高法院的案例中，法官们常常在判决中使用不同的法律诠释方法，如原始主义、活性主义等，引发了对于合适方法的讨论与反思。

2.4.1.1 文本内涵的多重层次解读

法律文本往往包含着多种含义和层次，不同的诠释方法可以突显不同的法律条款内涵。例如，在宪法解释中，既可以从文字的表面意义出发，也可以深入探讨其历史背景、立法目的和社会背景，从而揭示更丰富的法律内涵。

2.4.1.2 历史背景与社会变迁的考察

法律文本在制定时往往受到历史、文化和社会背景的影响，因此，考察背后的历史和社会变迁可以揭示法律规范的真正意图。例如，解释宪法时，需要理解其制定背景和当时社会的政治、经济环境，以准确把握法律条款的含义。

2.4.1.3 比较法的启示

多元诠释方法还可以通过比较不同国家或地区的法律体系和解释方法，借鉴其他国家的经验，拓展法律文本的诠释可能性。比如，对于一些法律问题，可以通过对比不同国家的立法和判例，找到更合适的解释路径。

2.4.1.4 制度性分析和目的论思考

在法律诠释中，考虑法律体系的整体性和制度性也很重要。通过对法律体系的分析，可以更好地把握某一法律规定与其他规定的关系，推导出更具合理性和一致性的诠释。同时，考虑法律规定的目的和宗旨，有助于揭示法律条款的价值导向，从而为诠释提供指导。

2.4.1.5 法官判例的参考

法律实践中的判例也是法学诠释的重要依据之一。通过分析法官在具体案件中的解释和判决，可以揭示法律条款在实际应用中的含义。例如，美国的"先例约束"制度要求法官在判决中参考先前类似案例的判决，这也是一种多元诠释的方法。

2.4.2 法学与其他学科的交叉

法律与其他学科，如哲学、社会学、心理学等，存在着紧密联系。在法学诠释上，法学家逐渐意识到需要借鉴其他学科的理论和方法，以更好地理解法律的本质和作用。这种交叉反思有助于法学摆脱狭隘的自我封闭，拓宽思维视野，从而更好地应对现实社会的挑战。例如，在合同法领域，法学借鉴了博弈论和经济学的理论，有助于更好地解释契约关系中的权益平衡问题。

2.4.2.1 交叉学科的启示

法学在方法论上的自我反思受益于交叉学科的思想，例如社会学、心理学、人类学等。在解释法律文本时,方法论可以借鉴社会学对社会背景的关注,从而更好地理解法律规则与社会实践的互动。例如,对于合同法的解释,法学可以借鉴社会学的观点,考虑交易双方的社会地位、文化因素等。

2.4.2.2 跨学科方法的应用

法学自我反省中的方法论也体现在跨学科方法的应用上。比如,在环境法领域,法学家可能需要与环境科学家合作,借助科学数据来解释法律规定,以更好地保护自然资源。这种交叉方法可以使法学更加具有实效性,更贴近实际问题的解决。

2.4.2.3 文化与历史的融合

法学方法论的反思也包括对文化和历史的思考。不同文化和历史背景下,法律的诠释可能有所不同。通过借鉴人类学、历史学等学科的方法,法学可以更好地理解不同背景下法律的演变和适用。

2.4.2.4 语言学与逻辑学的影响

法学的核心在于解释法律文本,因此语言学和逻辑学在方法论上具有重要影响。法学家需要借助语言学的方法来解读法律条文的语境和含义,同时运用逻辑学的原理来构建合理的法律推理过程。

2.4.2.5 社会科学研究方法

法学方法论还可以借鉴社会科学的研究方法,如定性研究、定量分析等。这些方法可以帮助法学家更好地收集和分析相关数据,从而得出更准确的法律解释和结论。

2.4.3 法律价值观的反思

法学作为一门社会科学,常常在法律制定和适用中传递着社会的价值观。然而,法律的制定和解释能否始终符合公平、正义、平等等核心价值,是一个值得反思的问题。法学家逐渐认识到,法律本身的价值观也需要不断审视,以确保法律体系的合理性和可持续性。例如,在同性婚姻合法化的背景下,法学家对传统婚姻观念的反思,以及如何平衡宗教、道德和法律的关系,引发了深入的讨论。

2.4.3.1 多元诠释方法与公正价值

法学在诠释法律文本时,常采用多元诠释方法,如文本解释、历史解释、制度解释等。这种方法能够充分考虑法律文本的不同维度,有助于确保法律裁决的公正性。例如，在刑法领域，解释罪名时的历史背景、社会制度等，能够使判决更符合社会公平正义。

2.4.3.2 价值判断与法律定位

法学方法论反思中，法律价值观的反思尤为关键。在诠释法律时，法官和法律学者的个人价值观可能影响到裁决结果。因此，需要明确法律本身的价值定位，避免主观意识对裁决的扭曲。例如，在涉及言论自由的案件中，法官需要坚守宪法所保障的言论自由价值，避免过度干预。

2.4.3.3 权利平衡与法治原则

法学方法论的反思也包括如何平衡不同权利和价值。在社会发展中，各种权利可能会发生冲突，需要法学家在诠释和制定法律时考虑如何平衡不同的法律价值。例如，在隐私权与公共安全之间的平衡中，法学方法论应当依循法治原则，确保权利的平衡合理而有序。

2.4.3.4 法律制度与时代变革

法学方法论的反思还关乎法律制度如何应对社会和时代的变革。法律价值观需要适应社会发展和科技进步，保持其有效性和可持续性。例如，在数字化时代，随着互联网和人工智能的发展，法学方法论需要思考如何在保障隐私的同时支持技术创新。

2.4.4 文化多样性与法律诠释的挑战

法学在全球化背景下，面临着各种文化、宗教、习惯的影响。这对法律诠释提出了新的挑战，因为不同文化背景下的法律理解和价值观可能存在差异。法学家应该反思如何在尊重文化多样性的前提下，确保法律诠释的一致性和公正性。例如，在跨文化的国际商事仲裁中，如何平衡不同法律体系和文化背景下的法律观念，是一个充满挑战的问题。

2.4.4.1 文化多样性的影响

不同的文化、价值观和传统在不同社会中存在，这导致了法律诠释的多样性。法律文本可能在不同文化背景下产生不同的解读，因为人们的观念、习惯以及对正义和公平的理解会受到文化的影响。例如，人权概念在西方文化中可能与个人自由紧密相关，而在某些东方文化中可能更注重社会和集体权益的平衡。

2.4.4.2 跨文化传播与法律诠释

当法律被用于跨文化环境中时，法学家面临诠释法律文本的挑战。跨文化传播可能涉及语言障碍、文化误解等问题，这可能导致法律的实际应用与预期效果之间出现差异。例如，国际商业合同的诠释在不同文化背景下可能会产生误解，从而引发纠纷。

2.4.4.3 法律的相对性与普遍性

文化多样性使得法律的相对性和普遍性之间存在张力。一方面，法律的相对性意味着它受到特定文化背景的影响，因此法律诠释需要尊重当地的文化传统。另一方面，法律也追求普遍性和一致性，以确保国际合作和法律体系的稳定性。例如，国际人权法在追求普遍价值的同时也要考虑不同文化对权利的不同诠释。

2.4.4.4 跨学科方法的应用

面对文化多样性的挑战，法学家越来越倾向于采用跨学科方法，以获得更全面、更深入的法律诠释。社会学、人类学、哲学等学科的观点可以帮助法学家更好地理解法律在文化背景中的运作和影响。例如，人类学的研究可以揭示法律在不同文化中的实际应用方式，从而为法律诠释提供更丰富的信息。

3　中国法学教学模式现状研究

3.1　中国法学教学模式实际情况

3.1.1　中国法学教学情况

新中国成立后，随着一切反动法律的废除，旧的法学教育也终结了，新的法学教育在全国兴起。新的法学教育是以马克思主义为指导的法学教育。

1952年，全国高等院校进行了院系调整，党中央决定在部分大行政区内单独设立政法学院，以对政法干部进行培训。在这样的政策调整中，西南政法学院、北京政法学院和华东政法学院相继成立，1953年，又建立了中南政法学院。各校的具体任务是培养司法行政干部，担负在职干部的政治业务培训工作，并开始招收一定数量的本科生，集干部学校性质和普通高校性质于一体。经过1952年的院系调整，除四所政法学院外，全国只有三所综合性大学设有法律系，即中国人民大学、东北人民大学（吉林大学的前身）和武汉大学。1954年，由原高等教育部主持召开的全国政法教育会议决定恢复北京大学和复旦大学的法律系，并建立西北大学法律系。至此，我国的政法院系形成了四院六系的格局，新中国的高等法学教育体系基本形成。

1977年，中国高等院校恢复招生。1978年，政法学院开始招生，此后，法学专业招生人数逐年上涨。党的十四大确定了依法治国的基本国策，更是刺激了法学教育的飞速发展。改革开放以来，开设法律专业的院校数量不断增长，到2006年4月底，中国拥有法学本科专业的高等院校已经达到了600余所，法学专业在校的本科生和研究生近30万人，其中本科生为20万人，法律硕士专业学位研究生2万多人，法学硕士研究生6万多人，法学博士研究生6 000多人。

随着中国法学教育的发展，各种问题也逐渐显现出来：法学教育形式杂乱，起点低；法学教育的地方化趋势严重；法学教育与人才市场需求严重脱节；师资匮乏，经费投入不足；教学方法单一，缺乏对学生能力和职业道德的教育和培养等。法学教育长期以来以"教师、教材、课堂"为中心，在统一大纲、统一教材、统一进度、统一学制、统一经济的要求中发展，其结果已经明显滞后于21世纪国家各行业对法律人才的需求。尤其需要指出的是，法学教育甚至严重脱离法律实践，因为当时中国的法学教师大多缺乏法律实践工作经验，其教育教学工作主要以传授理论知识为主。

改革开放以来，在健全社会主义民主与法治、推进依法治国的大环境下，我国的法学教育得到了空前发展，法学教育的办学机构成倍增加，培养了大批具有法律专业功底的法学人才，为提高司法队伍的整体素质、推动法治现代化做出了重要贡献。但是，在表面繁荣的背后也存在着巨大的隐忧，法学教育规模严重失衡，法学本科毕业生的就业形势越来越严峻，近年来法学甚至荣登"最难就业专业排行榜"首位。

3.1.2 我国法学教育的定位分析

在法学教学改革中，出现了许多新的教学模式和教学方法，并积累了不少成功的经验，但目前仍有一些问题并未从根本上得到解决。其中，最突出的问题是在某种程度上存在的"以教材为中心"的教学模式，这种教学模式对教师和学生都是很大的束缚。

目前，应试教育依然是我国法学教育的主流，法学教育与法律职业的分离，导致我国在法学教育模式的选择上游移不定。

传统的法学教育虽然是为法律职业服务的，但偏重法学理论的法学教育过于侧重对知识的灌输。教师处于主导地位，学生处于被动地位，这种教学模式缺少对学生实践能力的培养，距离法律职业的要求差距较大，导致学生所学的理论知识与实践往往不能较好地对接。

受我国文史哲主导模式的传统教育观影响，我国传统的法学教育被定位为一种精英教育，侧重于对理论型人才的培养，过分强调法学的理论基础，很少考虑实践能力的培养。传统的法学教育以课堂讲授为主导模式，基本上停留在理论传授、法律诠释的层面，很少去探寻法律的精神。传统法学教育中的实践教学被局限在被动式的案例讨论、无声的审判观摩（法庭旁听）、程式化的模拟法庭和断裂式的毕业实习等形式中。

案例讨论教学虽然可以锻炼学生分析问题、解决问题的能力，但这种被动式的互动教学具有单向性和局限性，教师处于控制地位，基本模式是苏格拉底式的问答模式，即教师问、学生答，"弥漫着无声的紧张"的课堂气氛使学生难以专心吸收信息。教师在进行问答的过程中，往往只强调抽象的法律原则，而忽略了政治、经济与社会因素，从而将完整的法律割裂成一个个碎片。这种教学法也仅仅能使学生对法律知识有感性上的认识，对法律的认识只停留在纸上谈兵的阶段，缺乏切实的可操作性，难以训练学生分析、推理和辩论的能力，根本达不到培养学生对法律条文和现实状况进行分析、应用和综合等认知能力的目标。

审判观摩的方式虽然可以让学生亲临真实案件，但所观摩的案件本身具有一定的局限性，学生缺乏积极性和主动性；观摩后缺乏教师有针对性地法律阐释，导致学生容易将看到的庭审过程遗忘。

模拟法庭教学注重法学理论知识与法律实践的紧密结合，培养学生的法学专业综合能力，加强对学生职业技能的训练，对学生审判程序的训练具有重要作用。但是，被用来教学的案例往往都是事先准备好的，缺乏真实感，很难引起学生积极主动的思考。

毕业实习在一定程度上可以弥补上述几种教学方式的不足，培养学生的实际操作能力，但学生也会被这种断裂式的毕业实习方式所局限，达不到很好的学习效果。毕业实习一般被安排在毕业前的最后一个学年，实习期限太短，短期内学生不能亲自参与一个案件的全部审理过程，很难达到实习的目的。

法学教育的基本职能和根本目的是培养符合社会需要的法律人才。我国的法学教育存在着巨大的改进空间，所以我国迫切需要建立一种新型的、集学历教育和职业教育于一体的法学教育模式。在现行的教育体制下，直接采用国外法学教育模式，仍然存在制度性障碍，因此，我们要借鉴国外科学的法学教育经验，对我国的法学教育模式进行大规模的改造。

我国法学教育的历史，开始于1895年创建的北洋大学。北洋大学在建校之初设立有头等学堂和二等学堂，头等学堂即大科，学制4年，分基础课和专业课。基础课有20余门课程，专业课有30余门课程，所设学科涉及工程学、电学、矿务学、机器学、律例学等。可见，律例学是很重要的一门专业，我国的法学教育就从律例学开始，并在其后的岁月中随着时代的发展而不断更新。

新中国成立后，法学教育曾出现过断层，但很快在改革开放后重新连接，并在"依法治国"理念下得到迅猛发展，规模日渐庞大。据统计，1977年我国恢复高考时，全国只有法院系在进行法学教育；而发展到1999年，全国已经有300余所普通高等院校的院系增开了法律专业；再到2008年，全国设置法学本科专业的普通高等学校近600所。目前，全国普通高校法学专业学生占全部在校学生总数的5%左右，比发达国家的比例还要高。

法律诊所教育又称"临床法律教育"，是对医学院学生在医疗诊所临床实习的效仿[1]。原则上，法律专业的学生在有律师执业资格的教师指导之下，在"法律诊所"中为处于生活困境而又迫切需要法律援助的人提供法律咨询，"诊断"其法律问题，开出"处方"，以此促进学生对法律理论的深入理解。其优点是能够培养法学专业学生的职业技能和职业道德意识，特别是律师职业技能，能够实现法学理论与法律实践的统一。

2000年秋季，在福特基金会的资助下，北京大学、清华大学等7所高校的法学院系开设了法律诊所课程，此后，中国各高等院校相继开设了"法律诊所"，发展至今，"法律诊所"已呈遍地开花的情形。

诊所教育的模式，给学生提供了接触实践的平台。学生与法律援助中心、司法所等相关部门取得联系，接触到现实的案件，从而培养了处理实际案件的能力。在办案的过程中，学生需要把学到的知识运用于实践之中，真正做到学以致用；反过来，为辅助办案，又促使学生致力于学习和

---

[1] "法律诊所"又称诊所式的法律教育，它起源于20世纪70年代初期的美国，已通过实践被证明是一种法学院学生获得法律经验、培养实务能力的有效方法和途径，其突出的实践性特色具有单纯课堂教育无可比拟的优势，可用于培养大量的法律实务人才，并加强对理论性研究的理解和实践配套经验。

法律诊所教育是美国法学院进行法律实践教学的一门重要课程，它弥补了传统教学在理论和实践上的脱节，使法学的学生在校期间就能够通过接触和处理真实的案件而进一步掌握所学的法律专业知识，锻炼学生协同工作的能力和相应的基本执业技能，加强对律师职业责任和职业道德的理解和学习，为培养合格的法律人才奠定基础。法律援助志愿者站式法律教育，首先是一种教学方法。以学生为主体、以教学为目的、以法律援助为手段，采用案件讨论、角色模拟、单独指导、在实践中学习等方式。法律援助志愿者站式法律教育是目前被世界大多数法学院校广泛接受的先进的法律教学方法。法律诊所教育具有鲜明的特征，具体表现在教学目标、方法、内容、管理等方面，但其最为鲜明的特征体现为：课堂教学与实践教学结合；独特的教学方法；复合式的评价机制；以学生为学习主体；多元化的学习渠道；社会责任感与职业道德的培养。

分析法条、司法解释和法理，进而起到夯实基础知识的作用。

此外，在法律诊所教育中，教师的地位发生了明显的变化。教师为指导学生给当事人提供最好的专业意见，讲授的知识不再是系统性、逻辑性的理论，而是专业技能。例如，对案件的具体分析判断、法律的选择与适用、法庭辩论技巧，以及律师职业道德等实践性内容都是教师需要讲授的专业技能。这也是一种师生互动式的教学，跟传统课堂上的互动不同，老师不再扮演主导角色，学生的责任感和主动性也有所增强，学生可以依靠自己的能力去帮助当事人，去检验课堂上由老师提供的"标准答案"是否正确。

法律诊所教育无疑给我国法学教育增添了新的方式与内容，它的实践性深受学生欢迎，但移植而来的东西，难免出现"水土不服"，在实践探索中的教育模式已经显示出了诸多的不足。近年来，中国的法学教育一直处于规模扩张之中，法学专业日渐庞大，法律院系的数量增长了几倍，毕业生的数量大量增加，发展速度之快令人惊异。但无论是从最早一批发展法律诊所教育的院校来看，还是从后来学习这一教学模式的院校来看，参加的学生都是从在校法学专业学生中挑选而来的，占总人数的比例很小。另外，法学教育的发展还带有浮躁的风气，具有竞争过度的表现，法学毕业生的质量令人担忧。

3.1.3 我国法学教学模式

我国的法学专业教学内容可以简单地分为理论法学和实践法学两部分。

专科和本科学习是法学教学的入门阶段，我们国家在法学教育的课程和内容上都会对学生进行理论法学和实践法学的教育，以使学生在宏观上对法学有初步的了解。

进入研究生阶段，学生已经在本科的学习阶段中有了一定的法律基础，即便是非法科学生，也已经在思想政治系列课程中学习到了一定的法律知识。在进入研究生阶段之前，学生具备了一定的思维能力和专业知识，所以在这一阶段，我国的法学教育开始有所侧重，分科越来越精细，理论法、部门法和实践法都会有各自的倾向性和研究方向。

针对不同的学习阶段和不同的法学类别，我国法学教育模式也会有所不同。对于专科学生和本科学生而言，他们需要读的是一些法学或政治学，甚至是社会学方面的相关著作，例如，卢梭的《社会契约论》、洛克的《政府论》、孟德斯鸠的《论法的精神》、博登海默的《法理学：法律哲学和法律方法》、费孝通的《乡土中国》等。研究生阶段的学生读的著作就要再纵向深入一些，比如卢梭的《爱弥儿》《孤独散步者的遐思》等，他们需要对同一个作者或多个作者的相关著作进行关联性阅读。

对于不同的法学类别，也是如此区别对待。理论法学的学生应该不断加强自身的理论功底，不断地提高自己的阅读能力和写作能力，以理论基础和综合能力为主，辅之以必要的实践锻炼和实践分析，西南政法大学校长就对该校学习法学理论的学生提出了"关注现实、研读经典"的要求；相反，对于一些实践性较强的部门法，则应侧重于实践教学，重在培养学生的实践能力、分析能力、解决问题的能力，以及口头表达能力等。我国的法学教学模式主要有以下四种。

3.1.3.1　法律诊所教学

诊所式的法学教育模式，形成于 20 世纪 60 年代的美国，被引入中国是在 2 000 年以后。诊所式的法学教育模式在前文有所提及，我们从名字上不难理解所谓诊所式，即将医学院在医疗诊所临床实习的方法运用于法学之中，以法律上的真实疑难杂症作为教学素材，在指导老师和学生的共同努力下，分析问题，解决问题。

我国传统的法学教育为"听讲式"，即课堂上老师讲，学生听，老师主动传授，学生被动吸收，以这样的方法来开展法学教育。但法学作为一个实践操作性极强的专业，仅通过此种传统式教育势必会在教育理论和实践之间造成巨大的鸿沟，被动式的教育也无法激发学生对专业的热爱，无法培养学生的职业素质和职业道德，甚至会造成厌学、弃学的严重后果。听讲式的传统法学教育模式虽对学生的理论学习有一定的积极意义，但始终解决不了它的实践效益，在此形势下引入"诊所法学教育"不能不说是恰当之举。

经过对法律诊所教学的切身实践和了解，参加成员和老师都极力赞扬了法律诊所教学模式。

首先，锻炼了学生。学生通过训练之后，不仅增强了对理论知识的理解，法律思维方面的判断能力和科研能力也得到了提升。在和当事人的交谈中，学生能够准确抓住案件的焦点，较快地辨别何为当事人的主观意愿，何为案件的客观事实，在大量的咨询和交谈中，提高了谈判、协商、询问等能力。

其次,提高了教学质量。在老师的细心指导下,学生们共同完成对真实案件的咨询解答、事务代理等,切实提高了教学质量,并为学院和学校增光添彩,为社会和国家排忧解难。

总体来说,中国高校在法学教育中引进法律诊所教学模式是明智之举。法律诊所教学模式将课堂教学与实践教学结合起来,注重对学生实践能力和法律职业道德的培养,在探索法学教学新模式、构建新型法律人才培养体系方面,具有突出的教育学意义和社会意义。

3.1.3.2 模拟法庭

模拟法庭是以实际的法庭辩论审判为模板的教学方式。在模拟法庭模式中,学生或师生一起将改编的案例呈于虚构的法庭之上,其本质是一种提高学生实践操作能力的教学方法,与诊所教育不同的是,模拟法庭针对的只是诉讼活动的演练,而非真实案件的实战,其案件一般也是根据真实案件改编或修改过的。

在具体教学中,学生各自扮演选定的角色,根据角色的需要准备前期材料,庭审过程中,每个角色必须遵守现实中辩方、控方和审判人员等都应遵守的庭审纪律和规定,以达到真实逼真的效果,真正起到与实战相差无几的教学效果。

实行模拟法庭教学模式,首先,需要搜集合适的案件,合适主要指具有时代典型性,案件选定参与者可以进行删减,以体现出时代性、复杂性;其次,每位参与者根据自己的特长组成角色小组,从自己小组所承担角色的角度出发,对案件进行讨论并准备诉讼文书,避免不同角色小组之间不必要的交流,到开庭之时,每个小组推选出一名代表参加法庭上的相关活动;最后,在庭审结束、判决宣布后,一般会邀请指导老师对整个活动的过程给予多角度、多层次的客观评价,并发表自己对案件的看法,指出案件的焦点和疑点所在,结合真实出庭的经验,对模拟过程中参与者的文书格式、证据取用、谈吐言辞、辩论风格、法律适用等提出改正和改进的意见。

整个模拟法庭的过程中,主角永远是学生。老师为了能让学生独立思考、分析问题,并独立研究和解决问题,一般会在一旁默默地"观赏",等到活动结束之后,学生得意地向老师汇报的时候,才会被老师"泼冷水",这样印象会更深刻。因为如果是在过程中,老师一旦发现某些程序或实体部分不合法就立马指出错误，一方面会影响学生情绪，破坏案件的审理流畅性，另一方面，也会降低模拟法庭的实践意义。只有在整个庭审结束之后，一切都变成"已然"，各方利益均已被重新调整，且受法律保护之后，老师再提出学生的不足之处，才能让学生真正体会到因为自己疏忽而造成的严重后果和法律上的"不可逆"，提高询问技能、辩论技能、审判技能等。

如此看来，模拟法庭不仅能夯实学生的理论知识，还能够在模拟过程中将理论与实践相结合，起到"学而时习之，不亦说乎"的作用，在提高学生的辩论技巧、询问技巧、审判技巧等方面发挥不容忽视的作用，也能在学生的职业道德、心理素质培养方面发挥重要作用。

3.1.3.3 单位实习

一般来说，每个高校都会有一些相关的实习基地，法学专业的实习基地基本会设立在法院、检察院、公安局、司法局、律师事务所或者公证处等地方，学校与实习基地取得联系，并将实习生派遣至目的地，进行为期少则几周多则数月的实践性培训。

在我国的法学教育实习中，基于实习基地少、参加实习的学生多的现实情况，并非每位学生都能够被安排到与学校有联系的实习地点，会有很大一部分学生自己带着学校的介绍信到处去自觅落脚点。在实习过程中，由于不同单位、不同部门的工作性质不同，学生所能接触到的内容也有很大的不同，例如，检察院会经常提审嫌犯，法院会经常邮寄传票或外出执行等。但在整个过程中，都是真人真事，容不得半点疏忽和懈怠。在真实参与接待来访者、了解案件始末、撰写法律文书、集体讨论案件等过程中，学生不仅了解到法律程序，也了解到实际操作与理论的不同，这对培养学生的职业技能和道德起到了很大的作用，这样的实习也符合我们培养应用型和复合型人才的目标。

在实习的过程中，指导老师会定期召开座谈交流会，学生汇报实习近况，总结实习经验，并在实习结束后上交实习论文。在实习单位每天都会有很多的案件，这些都是在校园里接触不到的真实素材。学生们每天在单位实习，参与其中，得到了很好的调查研究和学习的机会，从而完成从课本知识到社会实践，再从社会实践回到更高层次理论认识的过程。因此，实习是实践性教学的重要环节，是培养学生业务素质和动手能力的重要手段。

3.1.3.4 案例教学

案例教学法由于其自身别具一格的特色,在各国法学教育中备受青睐。我国法学专业的教育中也为其留下了一定的开展空间,但总体来说,我国的案例教学法还没有达到很完善的程度,仍处于初级试验,逐渐推广的阶段。案例教学法,简单来讲就是以案说法,在老师和学生共同对典型案例进行分析研究中,了解并深入体会法律概念、法律原则、法律程序以及实体法、程序法等法律的实质内涵和相关运用,甚至在对案例的讨论分析研究中发现法律的漏洞、不足和缺陷。

案例教学法大概分为两步:课前预习和课上讨论。课前教师会布置大量的阅读材料,这些材料都以真实司法案例为素材,并经过加工修改以适合课堂讨论。上课时,老师一般不会再口述案情,而是直接进入案件的讨论阶段。这样的方式能够督促学生课前预习,以免到了课上出现一问三不知的尴尬局面。学生的准备工作集中于详细的案例摘要以及对于知识面的自我拓展,为满足课堂教学的要求,学生被迫提高自学能力。在讨论过程中,学生和老师进行互动,老师在做了充分的备课后,准备了很多相关的问题。课堂上"回答问题完全是随机的,每位学生都是可能的提问对象"。这种教育方式完全不同于传统的"填鸭式"教育,有利于学生主动思考,积极参与,随机应变。

总之,无论是模拟法庭、法律诊所,还是单位实习、案例教学,课堂讨论、读书小组、辩论演讲以及暑期下乡实践等,都是我国法学教育中常用的方法,它们都殊途同归地旨在提高法科学生的实践技能和职业素质,旨在缩小理论教学和实践操作之间的鸿沟,旨在培养未来法治社会所需要的法律人才。

3.2 中国法学教学模式的具体表现

3.2.1 教学模式发展趋势分析

中国法学教育悠久的发展历史奠定了当代中国法学教育的深厚基础,但是,很多历史阶段的特定政策和措施也为法学教育沉淀了一些问题,如何解决当前存在的问题,使法学教育更好地发展,适应国际法学教育发展的趋势,是本书的目标所在。因此,有必要对中国法学教育的发展趋势进行分析。

第一，教育形式和教育层次趋向单一化和高级化。应逐步取消法学成人教育、自学考试及其他培训体系，实行单一化的法学全日制普通高等教育，即法学教育形式的单一化。法学教育层次的高级化是指提高法学教育的办学层次。首先，提高法学教育对象的知识起点，这点我们可以借鉴美国法学教育的经验，美国的初级法律学历教育被定位于大学本科教育之后。其次，对于硕士阶段的教育要变"牧羊式"的教育为真正的"师徒式"的教育，强化教师与学生的互动。

第二，教学方法的多样化。案例分析教学法具有理论联系实际的特点，可以激发学生学习的积极性和主动性，有利于培养学生对法律的运用能力和解决实际法律问题的能力。而传统的讲授式教学有明显的不足之处：呆板、单调、乏味，难以激发学生的学习兴趣，影响学生学习的主动性、积极性，也不利于学生能力的培养。但讲授式教学也有其积极的一面：传授的法律知识更具系统性、体系性和严密性，有助于学生打下深厚的法学理论基础，有利于培养学生的抽象思维能力。所以，应当将两者有机地结合起来，使其互相补充；应该经常组织学生旁听法庭审判，参观监狱，到律师事务所、检察机关、法院和公安机关等部门实习。要加强模拟法庭教学法——这种方法以学生为主，强调角色分工和协作工作，注重对学生实践能力的培养，方法直观，有利于提高学生学习法律的积极性和主动性。也应该借鉴美国的法律诊所教育，理论与实际相结合。

第三，法学人才培养市场化。法学专业人才的培养应适应人才市场的需求，根据不同层次确定不同的培养方向，博士研究生培养可偏重于理论，培养人才主要以教学、科研为主；硕士研究生教育不应局限于教学的框框，而应更多地注重科研能力的培养；本科教育则应注重实践，理论联系实际。

第四，教育定位、教育制度和教学内容的全球化。中国对加入WTO后部分法律和制度与世界接轨的承诺给法学教育发展和改革提供了的契机和平台，这意味着法律全球化进程对我国法学教育的发展产生了重要影响。从法学教育的定位方面来看，中国法学教育的目标将从培养准法律人变为培养完全合格法律人；从培养国家法律人变为培养世界法律人。从教育制度方面来看，由于中国将教育作为服务贸易的一部分，做出了部分承诺，我国的高等院校将会在人、财、资本、信息等领域与我们服务的市场和对象建立互动交流关系，我国高校自身的教师结构、知识结构、从业标准等也同时会与世界接轨。从教学内容方面来看，加入 WTO 后中国法学教育的内容将出现大陆法系和英美法系的融合趋向。

为了推动新形势下的中国法学教育改革，探索在法学领域贯彻教育部"卓越人才培养计划"的精神，提高法学教育质量，培养真正适应社会需要的高级法律专业人才，上海交通大学凯原法学院试办法学本科背景的全日制法律硕士特班（以下简称"法科特班"），为法学本科背景的法律硕士教育的专精化探索新的模式。

3.2.2 "法科特班"的背景和意义

中国法科人才培养面临着现实的困境：一方面，法科毕业生就业率非常低；另一方面，能适应社会需求的专业人才十分短缺。上海交通大学凯原法学院就是在这种背景下进行了中国法学教育教学改革的一次有益尝试，旨在以通识教育和专业教育并重的理念办好法学本科的分类培养，注重对高层次法律职业人才的培养。这一举措旨在建立一个较长时间、高层次法律职业人才培养机制，培养一批具有深厚法律功底、娴熟法律技巧、宽广国际视野的法官、检察官、政府公务员和其他法律类精英人才。这一尝试充分利用现有的制度资源，实现法学本科教育与法律硕士教育在时间上的"无缝对接"，以及在体制上与教育部新推出的法本法硕的"无缝对接"，提供一种新的高级法律职业人才培养模式，这将在全国法律教育改革中具有示范效应，展现上海交通大学在法科人才培养方面的后发优势。

"法科特班"的基本定位和关键内容。所谓"法科特班"，是指凯原法学院法学专业本科生从第三学年结束后开始分流，依据学生前三学年的绩点排名以及学生的自愿报名情况，通过免试推荐和综合素质测试，择优选拔一定数量的优秀生源，从本科四年级开始提前进入硕士研究生阶段学习，以本硕贯通培养的方式让学生接受高级法律职业教育，以合计六年的连续时间获得法律硕士学位以及更好的职业前景。

相对于目前体制内较为便捷的"4+2"模式，"法科特班"避免了法学专业本科生第四年的粗放式实习的时间浪费，使高层次法律职业教育在时间上更好地得到衔接，在内容上更精深、更充实，并为实务训练以及海外名校留学或研修提供体系的合理安排。这样的高层次法律职业教育模式，不仅有利于增强学生的就业能力，而且有利于培养出真正具有国际视野、适应 21 世纪国际发展新形势的高级法律职业人才。

3.2.3 "法科特班"的关键内容

3.2.3.1 通过筛选程序保证优质生源

在试办阶段,"法科特班"的学生仅限上海交通大学凯原法学院的优秀法学本科生,即法学本科生大学三年级的学业结束后,凯原法学院依据积点及综合素质测试,选拔15名左右的学生进入"法科特班",提前接受侧重于司法和涉外法务方向的高级法律职业教育。

3.2.3.2 大力改进教学方法

"法科特班"采用统一的标准化教材和独特的教学方法,对主要专业课程采取专题研究、比较分析、逐步深化法律思维的教学方式,并对应试教育、判例研究、分组攻读切磋进行有计划、有步骤的实务训练。

3.2.3.3 配备优秀的师资

"法科特班"的授课老师主要由凯原法学院内专业知识渊博、有实际经验、职业教育能力强的教师担任,某些课程可邀请校外一定数量的知名专家担任,特别是司法机关的学者型法官、检察官和律师。"法科特班"实行双导师制,除本院的教师担任导师外,还挑选一定数量的相关实务部门的专家担任导师,并安排学生到法院、检察院和高端律师事务所进行为期半年的一对一专业实习。此外,"法科特班"还与境内外名校展开交换培养,或者给学生提供到世界一流法学院留学的机会。

3.2.3.4 按照国际化标准调整课程设置

"法科特班"在大学本科前一年的课程设置与普通班没有区别,从第四学年开始,直至硕士研究生毕业,形成独特的课程设置体系,大力采取对话式教学法和判例教学法,充分调动学生自主钻研和比赛的积极性,注重学生法律理论知识的提升和实务能力的培养。

3.2.3.5 提供体系化的职业教育专用教材

凯原法学院组织编写了系列法律职业教材。在尚未正式编写出版前,凯原法学院先采用国内其他优秀教材。此外,授课教师在备课过程中选编出经典文献(leading papers)和典型案例(leading cases),供"法科特班"学生学习时参考。

3.2.3.6 重点推荐实习就业

"法科特班"重点推荐学生到相对高层次的司法机关、行政机关及其他高端法务部门实习和就业。凯原法学院在原有基础上进一步巩固与上海市高级人民法院和上海市人民检察院的合作关系，探索培养高级法律职业人才的机制，特别是为"法科特班"学生提供各种层次实习乃至就业的机会。当然，到人民法院、人民检察院以及政府法务部门就业的前提是通过司法考试和公务员考试。为此，"法科特班"要求学生在第一年，最迟在第二年通过国家司法考试，对没有通过的准予按照法学本科毕业，转入其他法律硕士培养序列。

3.2.4 "法科特班"的课程设置

招生指标的类别和来源。教育部新近增设了面向法学本科招生的全日制法律硕士类别，"法科特班"的招生指标从这类专业学位研究生指标中申请。这样，试办"法科特班"不挤占现有的规模日渐减少的法学硕士研究生的招生指标，而纳入全日制法本法硕的学制框架内。

招生的方式和入学的时间安排。第一届"法科特班"的学生全部采取推免和综合素质测量的方式取得研究生的入学资格。进入"法科特班"学习的时间为大学四年级第一学期末。由于本科生的日常推免工作要到大学四年级第一学期末才能开始。因此，为保证"法科特班"学生在大学四年级第一学期初的正常入学，凯原法学院将与校教务处和研究生院协商，将推免和综合素质测试工作提前到大学三年级第二学期考试结束后进行。

学生的来源。"法科特班"的学生从凯原法学院法学专业本科生中遴选，全部作为推免生取得研究生的入学资格。

收费与奖学金。"法科特班"学生的收费要综合考虑吸引优秀生源、学院对办学成本的承受能力和可持续性以及教育部政策的限制，从目前的情况来看，按照教育部对于新增的法本、法硕的收费政策的规定，"法科特班"学生每年的学费为9 800元。在校期间，资助240元/月，法学院积极争取为"法科特班"学生提供取得此项奖学金的机会。"法科特班"学生应就该项奖学金的获得与校方达成协议，彰显作为杰出人才必须具备的公益精神。"法科特班"学生的上述学费缴纳和奖学金获取均从"法科特班"二年级开始，"法科特班"一年级仍然按照大学四年级的学费标准缴纳全年的学费。到海外名校留学的费用根据有关协议另行确定。

本科毕业证书和学位证书的取得。被"法科特班"录取的学生在研究生第一年阶段的学分可以累计为其本科学习阶段的学分，在研究生第一年学习结束时获得上海交通大学法学专业本科毕业证书和法学学士学位。

课程设置方案按照国际化标准进行调整。"法科特班"大学本科前三年的课程设置与法学本科普通班没有区别，从第四学年开始，直至硕士研究生毕业，形成独特的课程设置体系。"法科特班"在具体的课程设置上遵循以下思路：

第一，缩减概说性的或者纯理论性的课程。一些已经在本科阶段开设、与实务关联不大的课程在硕士阶段就不再涉及，相应地增设法律操作技巧课程和法学前沿领域课程。

第二，选修课结合上海交通大学的通选课改革。"法科特班"学生可以跨专业、跨年级修课，部分采用外语授课的专业课和研究课可以与国际班学生一同开班。

第三，不分设专业。如果"法科特班"学生特别对某一专业感兴趣，那么可以采取找导师单独指导、跨院系选修课程的方式完成学习，或者在论文写作阶段通过文献研究的方式予以解决。

第四，课程教学的整体学分控制。"法科特班"为学生留下足够的课外时间进行阅读、思考讨论、预习和复习，以及在特定专业方向上拓展自我发展空间。

第五，专业实习为期6个月。第五个学期连同暑假在内共6个月的时间内，"法科特班"学生主要去法院、检察院、高端律师事务所和跨国公司法务部门实习，主要的法律业务都有涉及。

第六，在模块课程的定位上，民法、刑法、诉讼法构成课程设置的核心。经济法、商法强调与其他学科知识的交叉；基础理论法课程强调学生法律人格的完善，对法律运行的总体把握和思维方式的训练、熏陶；法律职业技能课程强调全面性和实用性，促使学生积极参与，并在这一过程中进行自我职业规划。

第七，"法科特班"学生可另外选修凯原法学院国际班的若干课程。这些课程的学分可折抵第三、四、六学期专业选修课的学分。

第八，"法科特班"的任课教师在课程安排中应当包括聘请所在学科兼职教授和兼职硕导的专题讲座，着重从相关法律事务的技巧方面进行讲授、交流。每门课每学期插入的这类专题讲座不少于2人次，且包含在相应课程的评教内容中。

第九，由于体制对接的因素，"法科特班"的研究生公共课在研究生二年级开设，在研究生一年级较大强度地开设法律专业课。

3.3 中国高校的法学教育模式

3.3.1 国内各法学院法学人才培养模式

3.3.1.1 山东大学的法学本科培养模式

(1)"五个课堂"+"两种经历"的人才培养模式。

"五个课堂"+"两种经历"的人才培养模式围绕法学专业本科教育培养目标。

不同的大学和学院构造和完善着各具特色的人才培养模式。经过多年的积累,山东大学法学院逐步形成了"五个课堂"+"两种经历"的人才培养模式,即教师讲授课堂、图书资料中心课堂、法学名师论坛课堂、人文素养课堂、专业实践课堂和"第二校园经历""海外学习经历"。

教师讲授课堂是本科教学的第一课堂,是法学教育的传统课堂;图书资料中心课堂是大学里一个无声的课堂,对于扩展学生的专业视野和提升学生学习的主动性具有重要作用;法学名师论坛课堂是山东大学人才培养的又一课堂,高质量的学术报告不仅有利于学生开拓学术视野,而且创造了一种开放、自由的学术氛围,有助于培育学生的专业热情和学术兴趣以及学术创新能力;人文素养课堂有利于学生形成法学思维和巩固已有的专业知识和理论体系,强化法律职业伦理修养;专业实践课堂有利于培养学生的法律专业应用能力,因而也是法律专门人才培养的有效手段。

自 2002 年起,山东大学法学院每年选派 50 余名优秀学生到中国人民大学、武汉大学、吉林大学等大学进行交流和学习;此外,他们将全球意识、国际视野和国际竞争力作为最优秀本科生的基本要求,增加本科生海外学习经历,这些举措已经成为山东大学对外交流与合作的基本层面。

(2) 特色教育建立竞争优势。

法学教育竞争日趋激烈,在日趋激烈的竞争中,山东大学注重办学特色,从而赢得了声誉。山东大学 2000 年实行的英语与法律双学位教育已经在全国同行以及相关专业教育中产生了示范效应,日语背景法学教育被十分看好,目前已受到日本九州大学、北海道大学、早稻田大学、名古屋大学等十多所大学高度关注。山东大学为适应全球化的需要,注重吸引知识产权机构、法院、律师事务所等多方面的关注和支持,法语背景法学教育在论证过程中获得各方面的肯定。特色教育能够产生多方效应,使山东大学法学教育更受社会和同行关注,其英语与法律双学位教育毕业生深受北京大学、中国人民大学、清华大学等高校法学院的欢迎,超过60%的日语背景法学教育毕业生在日本接受大学后教育。山东大学的目标是十年后出现一个由山东大学日语背景法学教育毕业生构成的特殊群体,在中日法律和文化交流中发挥群体效应。山东大学特色教育毕业生在考研、就业等方面更具竞争力,法学专业本科特色教育已经成为山东大学法学本科教育的优势。

3.3.1.2 天津师范大学法学院的法学培养模式

天津师范大学法学院的法学专业在天津政法系统享有盛誉,在全国法学院中居于中上水平,且综合实力不断提升。

(1) 重新定位法学人才培养目标。

将培养研究型人才调整为培养应用型人才。天津师范大学法学院如此定位法学教育的原因:首先,法学本质是应用型学科,法律的生命在于经验而不是逻辑;其次,社会需要大量的法律实际工作者;再次,从该校的定位及本院的生源状况来看,培养应用型的法律人更适合学院的实际。基于上述理由,它们的培养定位由培养高层次人才降到培养基础性法律人才,由面向公检法调整为面向全社会,由培养研究型人才变成培养应用型人才。但是一个专业要发展,就必须有自己的特色,无特色就无发展。那么与同样是培养应用型法律人的学校相比,天津师范大学法学院的特色在哪里?经过调研,笔者发现,当今社会,尤其是公、检、法等国家司法机关所需的"裁判类"法律人才趋于饱和,而服务性法律人才尚有缺口(法律服务人才包括律师、公证员、仲裁员、社区调解员、社区矫正员、司法助理员、基层法律工作者等)。

(2) 围绕人才培养的定位,调整培养方案,加强实践教学制度建设。

根据上述培养目标,天津师范大学法学院修订了法律专业本科生培养方案,增加了刑法案例分析、民法案例分析、经济法案例分析和行政法案例分析等课程;加大物证技术司法文书等课程的训练比重,重视见习、实习、学年论文、毕业论文的安排。天津师范大学法学院还逐步开设了社会需要、学生喜爱的应用法律技术方面的课程,如法医学司法精神病鉴定、司法会计、法律文献检索谈判技巧及合同起草、演讲与辩论等。天津师范大学法学院制定《学院关于加强实践教学的若干意见》并付诸实施。该意见共计五章二十九条，规定了实践教学的目标，将实践教学范围划分为第一课堂的实践教学和第二课堂教学，在此基础上确定实践教学环节的基本要求。《学院关于加强实践教学的若干意见》针对每种实践教学模式，以一定的形式进行指导，从指导教师的人数、实验设备的选择、实验的考核标准入手，制定出可供参考的教学计划，使教师开展实践教学拥有参考依据，也使实践教学效仿国内部分法学院校人才培养模式进行改革。

（3）采取了加强实践教学的保障措施。

一是组建校内校外两支教师队伍。教师没有实践经验，就无法培养学生的实践能力。天津师范大学法学院强化教师实践经验的培养，鼓励一些老教师担任市政府、市人大的法律顾问，仲裁委员会的仲裁员，人民法院的陪审员，人民检察院的监督员，要求年轻教师定期到实践部门锻炼。为了加强实践教学，天津师范大学法学院聘请来自公、检、法等实践部门的兼职教师36名，由此，高年级学生拥有理论、实践两位老师，其中校内教师主要负责法学理论的教学与辅导，校外兼职实践教师负责司法实践的指导。

二是设立校内校外两类教学实践基地。目前，天津师范大学法学院在校内的教学实践基地主要有物证技术实验室、模拟法庭和法律援助中心。

物证技术实验室目前已开设十余项实验项目，极大地锻炼了学生的动手能力。大学学生基本是全员参与。天津师范大学法学院称今后将加大投入力度，以便开发出更加丰富的实验项目，让学生的观察、分析、动手能力得到进一步提高。

模拟法庭去年共开庭二十多场（次），学生的参与面不断扩大，参与积极性高涨。天津师范大学法学院还将法院的真实法庭搬进法学院，天津市高级人民法院"涉外经济合同案"、西青区人民法院"土地纠纷案"正式在天津师范大学法学院开庭。与此同时，结合校园内学生普遍关注的求职与就业问题，天津师范大学法学院择业协会还组织了"校园求职第一案"模拟审判活动，其他学院的同学也来观摩了案件的审理。

2004年，天津师范大学法学院成立了法律援助中心。2008年接待解答咨询、代书等案件40多件，从2004年成立至今接待案件总数达600余件。2008年除了在天津市法律援助中心开展咨询、代书活动以外，天津师范大学法学院"学生法律援助中心"又与南开区人民法院合作，在其立案大厅建立了天津市人民法院与高等学校第一个法律援助点，近80名学生在参加了连续七场培训后,开始为市民服务,取得了双赢的效果。目前,天津师范大学法学院在校外有14家教学实践基地,包括法院、检察院、仲裁委、法律援助中心、消协、妇联、律师事务所等。为了加强实践教学,天津师范大学法学院还计划在校外金融机构、政府机关、社会团体、工商企业、社区等设立教学实践基地,让学生全方位地接触和了解社会,培养学生的实践能力。天津师范大学法学院根据人才培养目标的定位,按照一定程序选择一批优秀教材,与此同时,组织教师编写一批教材。天津师范大学法学专业的毕业生中绝大多数人从事法治建设工作,天津师范大学法学院充分利用这一优势,组织教师和毕业生合作编写具有地方法治建设特色的主要学科的案例分析教材。

三是筹措资金,为实践教学提供物质保障。天津师范大学法学院为鼓励教师参与实践教学的研究、探索活动,每年拨付一定资金,设立实践教学科研项目,支持教师对实践教学中发现的重大问题开展科研。

3.3.1.3 中国政法大学"六年制法学实验班"的法学教育改革模式

中国政法大学法学人才培养模式改革实验班(简称"法学实验班")是经教育部批准,以法律职业教育为目标的实验班。该校法学教育模式改革方案是在借鉴美国、英国、德国、日本等多国高校法学教育模式的基础上,对我国法学教育慎重思考、问诊号脉的成果。相关人员总结各主要国家法学教育的共性,认为科学知识和人文素养的培养不应再是法学职业教育的核心,而职业道德和职业技能训练的大学专业学习,以及承担职业培训和指导的法律职务部门实习,应当成为法学职业教育的重中之重。2008年,该校首次招收"法学实验班",法学教育模式改革试点工作也随即展开,50名来自10个省市的学生成为该校法学教育改革的亲历者。

法学实验班的培养模式,也重在体现法学教育的职业性特征。实验班培养将分为两个阶段——基础学习阶段和应用学习阶段。

作为人文和科学素养的培养课程将主要集中于第一学年并将贯穿于基础学习阶段,二至四学年为专业基础学习阶段,实务部门长达一年左右的固定实习基地实习和集中学术方向专业重点学习将成为五、六学年应用学习阶段的主要内容。这期间所有实验班同学还将在应用学习阶段参加司法考试。

凸显法律实务界在法学教育中的地位是这次改革方案的又一重点,该改革方案将固定实习基地实习作为培养计划的重要组成部分。根据方案设计，法学实务界将作为法学教育机构的组成部分，立足于增强现有培养模式中缺乏的知识应用和职业技能训练，承担职业技能训练及指导实习的任务。法学实验班的改革目标是：注重培养学生忠于国家、忠于人民、忠于法律的政治道德和公平正义的价值观，在奠定坚实的法律理论基础的同时，也将强化知识的应用和职业技能训练。学生毕业后将成为高素质的法律职业工作者，更加适应全球化背景下，中国社会经济发展与改革深化的需要和建设法治国家的需要。

法律教育绝不应是排斥和否定传统法律教育，而应是对传统法律教育的补充与完善。我国当前的法学教育手段不仅有课堂教授，案例教学法、讨论式教学法也一直在实践中运用，随后又逐步增加模拟法庭、法院旁听以及开展社会调查等教学方式，毕业前在实践部门的实习也是学生走向社会，从实践中学习的一种教学方式。

可以说，新中国的法学教育发展到今天，教育模式和教学方式已呈现多元化的趋势，教学方法、教学手段也在与时俱进，呈现多样化的特点。诊所法学教育只是我们引入的一种教学实践模式，它的顺利进行和实施，需要以学生前期和同时的法学系统知识的学习与掌握为基础。实践中，诊所法学教育的借鉴是我们探索法学教育改革的一种尝试，既要坚定不移地肯定它的积极作用，又不能过分夸大其价值意义，应给其一个正确的定位，使其与我国既有的教学模式相融合，与我们已有的成熟的传统教学模式一起，为我国培养出优秀的法律人才做出贡献。

3.3.1.4 汕头大学法学院"国际化法学人才培养模式"

汕头大学法学院的"国际化法学人才培养模式"于2007年申报了教育部第二类特色专业建设点。按照教育部对项目的要求，该模式在招生、人才培养、国际交流与合作等方面具有试点经验；该模式50%以上的专业课采用英语教学。

汕头大学法学院法学专业国际化改革的行动在全国率先形成了具有国际化特色的法学专业，主要集中在"师、语、书、生、向、业"六要素的改革。在这六方面均有量化的指标要求，并且已经达到的指标在全国法学院中名列前茅。经过多年的努力，汕头大学法学院基本形成了具有特色的国际化法学人才培养的六字模式。

（1）汕头大学法学院改革的背景。

由于历史的原因，我国现有的国际化法律人才数量稀少，知识结构不够完整，远远不能满足世界经济发展的要求。正是基于这种现状，汕头大学法学院以国际化改革为核心，展开了一场既迎合国际潮流又立足自身优势，融改革与发展于一体的法学学科建设行动。对于我国法学教育的推进及法律实践的发展而言，汕头大学法学院认为，形成国际化特色的法学教育模式意义重大，具体举措包括：其一，顺应形势与潮流的发展，开设特色法学方向课程；其二，打造特色法学教学团队，全面提升教研水平；其三，培育国际化法学人才，促进学生走向海外；其四，创设一个具有国际化特色的法学教育品牌。汕头大学法学院学科建设始终以"国际化"为核心，从师资队伍、双语教学、教材选用、学生活动、专业方向、毕业去向等方面层层推进。

目前，汕头大学法学院已经基本实现法学专业的"师、语、书、生、向、业"国际化改革——师资队伍国际化、双语教学国际化、教材图书国际化、学生活动国际化、专业方向国际化、毕业去向国际化。

（2）国际化专业方向和课程体系。

汕头大学法学院在国际化发展过程中始终把探索符合国际标准的课程体系作为头等任务来抓。根据专业课程改革的实际需要，汕头大学法学院引进相关的具有国际背景的教师团队，开设符合国际标准的专业课程。为了培养具有国际竞争力的法律专业人才，汕头大学法学院于2004年秋制订的2005级法学本科课程教学计划，突出国际化和职业化特点，专业调整为英美法学、国际法学、争议纠纷解决、律师实务四个方向。

2005年，汕头大学法学院在全国率先开设英美法学方向系列课程，其中有比较法学与英美法律制度、英美行政法、英美合同法、英美侵权法、英美财产法、英美法学思潮、英美知识产权法等；率先开设争议纠纷解决方向系列课程，包括仲裁理论与实践、调解理论与实践、谈判理论与技巧、世界贸易组织仲裁案例分析等。

随着条件的逐步成熟，2006年，汕头大学法学院对2005级课程计划进行了调整。

首先，在全国率先设置了全新的日本法学方向课程。开设日本法学课程有两点考虑：一是为了拓展学生的就业出路；二是为了扩大学生的法学视野，使法学院的课程结构更加合理。

其次，在全面参考英美法系和大陆法系课程设置的基础上开设日本法学方向课程。日本法学方向课程有：日本宪法、日本民法和日本商法等 20 多种。

  为配合法学院刑事诉讼实务和民事诉讼实务等课程的实践教学工作，汕头大学法学院多次邀请汕头市龙湖区人民法院刑事审判庭和民事审判庭等机构在法学院模拟法庭举行公开审判，审理有关案件，师生观摩。同时，与法院合作开展司法调查员活动，与汕头市龙湖区人民法院合作创建了未成年人犯罪背景调查员工作。该工作于 2006 年正式启动，龙湖区人民法院委托未成年人犯罪背景调查办公室调查由龙湖区人民检察院提起公诉的被告人的犯罪背景。办公室接受委托后，指派调查员开展调查工作，调查员由法院颁发调查员证书（证件）展开调查。

4 中国法学教育存在的问题及对策探析

4.1 中国法学教育的现状

尽管法学实践教学方法在我国高校法治人才培养中得到了普遍应用，并且对优秀法治人才的培养确实发挥了重要作用。但不容忽视的是，由于部分高校对法学实践教学方法的重视程度不够，加之经费投入不足，致使法学实践教学活动的开展也存在诸多问题。

4.1.1 案例教学方法单一，缺乏系统性

在我国的法学教育中，依照传统的观念，案例教学的目的主要是利用具体的案件和实例，使学生通过归纳或演绎的方法熟悉和掌握蕴含其中的法学理论。由于我国在法学教育中强调对学生进行系统的基本知识和基本理论传授，因此与重视课堂教学环节的系统讲授相比，案例教学往往被认为是一种辅助性的教学方法，等同于课堂教学中的举例法，仅仅停留在"以案说法"或者"以案释法"的层面。实际上，这种单一、肤浅的案例教学方法很难使学生对其产生浓厚的兴趣，因此也就无法感悟法学案例教学的真谛与奥妙，其作用必定是有限的。从案例教学方法的特点来看，案例教学方法可以贯穿于法律人才培养的始终，表现为灵活的方式并具有系统性的特点，如根据作用的不同，案例教学方法可进一步细分为案例讲授法、案例研讨法、案例模拟法等。从案例教学实践来看，对案例教学方法的采用往往是单一的，较少注意不同方式之间的关系，致使案例教学方法

的系统性不强，案例教学方法的独特功能不能得到有效彰显，这实际上也是案例教学方法在我国的法学教育中很难成为一种主流教学模式的原因之一。

4.1.2 模拟法庭审判训练实战性不强

4.1.2.1 模拟过程照本宣科

模拟法庭审判训练的优势在于对学生综合能力的训练，这就意味着在进行模拟法庭教学之前必须要做好必要的准备工作，如充分熟悉将要进行模拟审判的案例，理解实体法、程序法的法律规定，明确承担不同诉讼角色的学生的职责以及具体注意事项等。但在实际教学过程中，往往准备不足，导致模拟审判过程变成了学生表演"剧本"的过程，如有的指导教师不能为学生提供有代表性的案例，要求学生直接从网上寻找法院已经审结的案例，而模拟审判过程又常常是按照法院的审理程序走一下过场，认真的学生可能事先背背"剧本"，未认真事先准备的学生在模拟过程中甚至需要念"剧本"，如此模拟无疑成了一种法庭审判的表演过程，很难达到模拟审判的目的。

4.1.2.2 学生难以适应

一方面，模拟法庭实践教学方式要求参与的学生必须具有一定的基础知识及技能，系统学习过相关实体法和程序法课程，但从全国高校法学专业人才培养方案的设计来看，程序法课程多在大学二年级才开设，所以低年级学生由于缺乏基本的法学知识，要进行模拟法庭审判是非常困难的，也不能起到实际的作用。另一方面，高年级学生又往往将精力集中于考研或进行较长时间的专业实习，其参与模拟法庭审判的积极性不高，即使参与也常常存在应付的心理，在模拟过程中重视诉讼角色的表演，而忽视对模拟审判目的和相关能力训练的体会。

4.1.2.3 案例覆盖面较窄

模拟法庭所选择的庭审案例绝大多数属于与刑事法律有关的案例，其他学科如民法、商法、行政法、经济法都涉及较少，而且所选案例大多简单明了，案件处理结果基本上没有什么争议，甚至模拟法庭的卷宗内容都是现成的，缺乏现实案件审理中的不可预见性，难以充分调动学生的主动性和积极性。

4.1.3 专业实习效果难以令人满意

4.1.3.1 实习基地数量不足

对法学专业实习来说，司法实务部门是比较理想的实习单位，为此，各高校法学专业一般都会在法院、检察院和律师事务所建立一定数量的校外实习基地。但随着高校招生规模的扩大，原有校外实习基地的数量以及容纳学生进行实习的能力均呈现出明显的不足，同时由于条件的限制，绝大多数校外实习基地又无力解决实习学生的食宿问题，加之出于对实习学生安全问题的考虑，各高校法学专业往往采取就近实习的做法。如果某一区域开设法学专业的院校数量较多，那么又会加剧在安排实习上的矛盾，导致学校在实习单位的选择上更加受限，并且实习时间也有可能大大缩短，从而影响专业实习的有效开展。

4.1.3.2 管理缺位导致实习流于形式

有些高校为了解决校外实习基地数量不足的问题，采取允许学生自主联系实习单位的做法。尽管学生自主联系实习单位方便了学生实习，但也有可能造成实习的随意性，如有的学生联系的实习单位并非法律实务部门，由于专业不对口，专业实习的目的不能有效达成。加之自主联系实习单位缺乏相配套的管理制度，不能有效对学生实习进行监管，使实习往往流于形式。

4.1.3.3 学生的实习热情不高

目前来看，法学专业严峻的就业压力和学生对考研的热情在一定程度上对法学专业实习形成了极大的冲击。法学本科毕业生面临严峻的就业形势已是不争的事实，这实际上也进一步激发了学生考研的热情。由于大部分学校的法学专业实习往往被安排在最后一学年，这就造成了学生实习与考研以及就业的冲突，从而使有的学生把主要精力集中于考研和就业，由此造成实习过程敷衍了事，甚至存在虚假实习的现象，严重影响了法学专业的实习质量。同时，法学专业学生实习时间普遍较短，一般只有一个月，至多两三个月，很难真正融入实习机构的工作氛围。而且多数实习单位由于各种原因，没有把与司法领域相关的实质性工作交给实习学生，进入法院实习的学生最后只能基本了解法院内部事务，在律师事务所实习也只能了解事务所的运营流程。而这都仅仅是对学生某一部分法律技能的训练，缺乏连贯性和系统化，造成大多数学生在法律实务问题面前依然不知所措。

4.1.3.4 实习领域较窄

从我国法学教育的发展历程来看，我国法学教育传统上以培养司法人才为主要目标，因此学生实习安排主要以法院、检察院和法律服务机构等为主。随着我国法治建设进程的推进，仅仅强调对司法领域的建设是不够的，还必须加强立法和法治社会建设，这无疑需要大量的优秀法治人才。以培养司法人才为主要目标的传统法律人才培养模式已不能适应时代的新要求，相伴随的法学专业学生实习领域过窄的问题也日益显现，这就要求法学专业必须要进一步拓宽学生实习的领域，增加学生在立法机关、政府部门等机构实习的机会。

4.1.4 诊所式法律教育难以得到推广

4.1.4.1 重视不够

尽管部分高校已开展了诊所式法律教育，但不论是教师还是学生都存在重视不够的问题。从诊所式法律教育的课程设置来看，多数课程属于具有探索性质的选修课，学分相对较少，但学生在参与该课程时所付出的时间和精力往往大于其他课程。学分制的推行赋予了学生较大的课程学习选择权，面对考研的压力，学生较少会选修这些课程。同时，对教师而言，与一般课程相比，讲授诊所式法律教育课程在教学工作量以及教学效果上并没有特殊要求，与职称晋升也没有较大关系，由于缺乏必要的特殊政策和奖励机制，在一定程度上影响了诊所教师的积极性，教师不愿投入较多的精力来指导和训练学生，最终影响诊所教育的效果。

4.1.4.2 "身份"受限

由于学生本身并不具有律师的身份，从而限制了学生参与案件的程度以及参与案件的种类，法律诊所的学生往往是以普通公民的身份为当事人提供法律帮助，学生不具有法律职业人士所具有的调查权、阅卷权等，接触案件信息的能力有限，这必然会大大削弱所提供法律服务的质量。加之诊所学生往往欠缺社会经验，对法律纠纷涉及的事实关系不一定能够作出非常清楚和准确的判断。同时，如何处理好与当事人的关系也是学生面临的比较棘手的问题，毕竟与真实的当事人打交道对于许多涉世未深的学生来说，确实有些难度，这在一定程度上打击了学生开展诊所训练的信心。

4.1.4.3 经费不足

诊所式法律教育模式的运行需要必要的经费保障，但学校往往不会划拨专门经费予以支持，缺乏经费的保障，诊所式法律教育活动很难得到开展，如没有经费，诊所式法律教育的必要平台将无法搭建；学生将无法外出进行相关调查活动，无法参与相关诉讼活动；无法对指导教师进行必要的培训等。因此经费问题成为制约诊所式法律教育模式开展的"瓶颈"因素。

4.2 中国法学教育面临的困境

4.2.1 中国大学法学教育面临的困境

据中华全国律师协会统计，截至 2022 年年底，全国律师（司法部尚无确切数字）约 65 万人，每年新增约 10%，而且一半以上的律师集中于 10 个大城市，尤以北京、上海、广州、深圳最为集中。因此，我国律师队伍的扩张还是可以持续相当长一段时间。由此可见，我国大学法学教育的问题，不是律师人数不足的问题，而是长期性和体系性的问题。

首先，我国大学法学教育水平良莠不齐，总体质量偏低。从 20 世纪 90 年代开始的大学扩招，在全社会形成了重视学习的良好氛围，对全民科学文化素质的提高起到了巨大的推动作用。短时间内推动大规模的高校扩招，导致法学专业迅速走红。然而这种"热得烫手"的专业却因为缺乏有资深教学经验的教师和法学研究专门性人才而显得心有余而力不足。我国大学的政策指导性强，高水平的教授、教师、专家集中于重点大学，地方高校的法学师资欠缺。缺乏师资力量的各个地方高校大力推进的招生计划使得学生不能享受到优质的法学教育资源，长此以往，就形成了大学法学教育水平良莠不齐的局面。另外，我国目前的法学教育体系还处在发展时期，法律体系并不十分完善，处在上升期的社会法治建设遇到相对封闭的法学教育体系，难免会有"水土不服"的情况出现，再加上我国法治理论研究底子弱，人才培养难度大，也造成了法学教育质量总体偏低的现状。

其次，通识型法律教育人才欠缺，无法制订适合自身发展的培养计划和课程设计。由于我国法学教育缺乏系统性，学生对自己所学习的专业知识无法形成宏观上和整体上的认识。法学教育能力的欠缺导致学院不能给出清晰合理的学生教育规划，学生不能找到学习的重点和发展方向，当进行专业划分时，产生了多数学生集中在一个教学模块之内，或随社会导向，找最热门的板块学习，完全不考虑自己的专长和兴趣所在的现象。这种情况下毕业的法学专业学生难以得到社会的认可和青睐也就不足为奇了。

最后，法学教育自身力量薄弱，导致法学教育专门化程度较低。从专业角度看，法学作为一门独立的社会学科，自始至终都有其独特性和公益性。其独特性在于独立产生、独立发展、自我充实、自成体系，这种独特性是法学区别于其他社会科学的重要特征，又由于法学本身与政治经济联系紧密，所以在人文学科中素来备受推崇。法学的公益性则主要表现为法学为包括自然科学在内的几乎所有学科提供合理性和合法性的支撑，是其他学科的工具性手段。

在这种情况下，法学相关专业的学生的学习精力就会发生转移，从而使法学的学科建设更加陷入被动。法学学科的教育最终还是要面向学生。一旦在学生当中形成法学工具性学科、辅助性学科的观念，法学的建设将陷入停滞甚至倒退。

4.2.2 中国法学教育体制存在的问题

我国法学教育体制存在的问题可归纳为以下四个方面。

4.2.2.1 规模扩张与就业率低迷之间的矛盾

在法学专业大规模扩招的同时，法学专业毕业生就业率却持续走低，麦可思人力资源信息管理咨询有限公司的一项有关"中国高等教育追踪评估调查结果"的报告显示，法学类专业毕业生毕业半年后的平均就业率仅为83%，不仅低于全国进入"211工程"的院校学生毕业半年后的平均就业率（89%），甚至低于全国其他本科院校学生毕业半年后的平均就业率（87%）。《法治日报》2008年报道，法学本科毕业生严峻的就业形势自20世纪末就有显现，从2002年开始，法学本科毕业生就业更是遇到前所未有的危机，在全国214个学科专业中，法学专业就业率排在187位，2005年则成为最后一名。

1999年5月，我国作出进一步扩大高等教育阶段招生规模的重大决定。在高校扩展的大背景下，由于宏观调控机制不健全，尤其是缺乏法律职业部门的指导、监督和制约，高等院校法学教育发展过热，不少大学、学院在一无师资力量，二无图书馆藏资料的情况下，就开设法学专业，开始招生，致使法学人才培养质量堪忧，办学效益不高，建设法治国家急需的高层次法律人才严重不足与法学教育质量低层次发展并存，一些学校脱离自身实际，片面追求多科性和综合性大学的发展目标，将法学学科、专业的牌子匆匆立起，低水平重复建设的问题非常突出。

《北京晚报》报道，教育部在 2008 年 10 月 9 日召开的新闻发布会上表示，"1999 年决定的全国高校大规模扩招太急促"，这表明国家教育行政主管机关已经认识到高校盲目扩招对经济社会的可持续发展带来的不利影响。对法学教育而言，扩大招生可能对中国法学教育乃至中国法治建设造成灾难性的影响，就业率低只是表面现象，更深层次的问题在于大量法学专业毕业生将无缘法律职业，降低社会公众对法学知识的敬仰进而影响到社会公众对法律的普遍尊重。根据趋利避害的利益本性，人们后天的社会性意识一般是由利益诱致而成的，而法律意识的形成依赖于法治导致的利益供给。大量的法学专业毕业生作为法律知识的专门拥有者，在就业市场上如果长期处于不利地位，花费巨大成本掌握到法律知识后，甚至无法谋生，法学毕业证的含金量必将随着法学专业毕业生的就业难而不断贬值。很难想象这两种趋势会同时存在于一个社会之中：一方面，社会各界对法学知识占有者的接受程度不断下降；另一方面，整个社会的法律意识水平却在不断提升。回顾法学教育发展的历史过程，在改革开放初期恢复法学教育时，法学专业毕业生大都直接进入司法机关，拥有较好的就业前景，法学专业在社会公众当中得到广泛认可，可见，民众法律意识的形成，需要权利和权益的有效结合，法治必须以利益为"敲门砖"，才能使法治深入人心进而形成相应的法律意识。因此，必须采取措施提高法学专业毕业生的就业竞争力，从而使民众重拾对法律的尊重、认同和信任，进而培育和生成守法意识或规则意识，推进法治社会建设。

4.2.2.2 机构和层次过多与学生素质之间的矛盾

我国的法学教育呈现出多层次发展态势，从普通中等法学教育到大专、本科、硕士研究生、博士研究生直至博士后，一应俱全。法学教育层次多、渠道杂乱、形式不规范，也是目前我国法学教育的一大问题。从现行培养体制上看，承担高等法学教育任务的机构为综合性大学，包括 5 所以法学为主的综合性大学（即原司法部部属政法院校）、公安和警官大学（学院）、法官和检察官学院、司法行政学院、党校和社科院以及军队系统的院校等；学历层次有中专、大专、本科、硕士、博士、博士后 6 个层级，学生可以从任何一个层级进入法学教育而获得相应的法学学位（学历）。

法学教育招生起点散乱，导致难以培养出高素质的法律人才。通过对司法考试通过率的实证分析发现，法学专业考生和非法学专业考生的司法考试通过率相差无几。法律教育的不统一、初始法律专业教育模式的多样化和对法律职业共同体统一性内涵的追求之间形成一种矛盾。这种法律人才培养模式的不统一导致法律人才类型和结构的混乱，使得法律职业对法律人素质的整体性要求难以实现。

在中国，法学起点学位可以是法学博士、法学硕士，或者法律硕士，还可以是法学学士。也就是说，一个从来没有学过法律的人，可以经由现有的考试制度，直接从任一层次进入法学教育而获得一个法学学位，从而事实上可以从法学博士（后）到法学学士之间任一层次的法学学位作为起点学位进入法律职业。这种多形式、多层次的法学教育体制，难以培养出高素质的法律专门人才。

4.2.2.3 教育过程与职业素质需要之间的矛盾

法学教育过程与法律职业的素质需要不对称，表现为"两重两轻"：重视法律知识的机械传授，忽视法律职业道德和法律信仰的内在培育；重视法学理论研究能力的培养，忽视法律实践操作技能训练。

一方面，学校教育侧重于知识教育，缺乏法律职业道德教育，法学教育的政治性在一定程度上受到削弱。法治社会的建设离不开社会对法律的普遍信仰，如果法学专业人士对法律的信仰都不足，又怎么希望社会公众法律信仰的提高？法律信仰对建设法治社会的积极意义已经为法学大家公认，如伯尔曼所言，"法律必须被信仰，否则将形同虚设""没有信仰的法律将退化为僵死的法条……而没有法律的信仰将蜕变成狂信"，因此，"法治的精神意蕴在于人对法的神圣信仰"，而"法学教育对法治的最根本的、最直接的贡献就是对法治的中坚力量——法律人法律信仰的培育"，缺乏法律信仰的法学教育是没有灵魂的教育，背离了法律人才培养目标的内在要求。

另一方面，现行法学教育模式缺乏法律实务实习阶段，实践性教学无法充分开展，案例分析、法律诊所、模拟法庭均为点缀，实习变成走过场，培养的法学专业人才得不到实务界的认同，常常被法律实务界抱怨知识应用能力和职业技能低下。美国著名大法官霍姆斯说，"法律的生命始终不是逻辑，而是经验"，反观我国传统的法学教育，通常以传授系统和科学的法律知识为目的，过于强调知识的灌输和纯理论的探讨，在教学方法上注重书本和课堂理论教学，对学生分析和处理实际法律案件和纠纷能力的培养较为忽视。法学教育过程缺乏实际应用环节，法学知识变得生硬而抽象，教师台上讲，学生台下记，师生之间在课堂上很难开展讨论或实质性的对话与交流，压抑了学生的主动性、积极性和创造性。由于缺乏实际应用能力，学生所学知识得不到准确理解和认识，法律知识掌握难以牢固。因此，法律实务部门对法学专业的毕业生和法学教育模式颇有微词，因为法学毕业生大都难以较快胜任实际工作，动手能力普遍较弱。用柯克爵士的话来说，司法是一种"人为理性"，只有通过长期直接接触司法实践才有可能形成，而这种"人为理性"是无法通过教学传授的方式进行转移的。可见，以重理论、轻实践为特征的现行法学教育模式已经不能适应社会对于法律人才的需要，这直接影响到法律制度的正常运行和整个法治建设的进程。

4.2.2.4 教育体制与职业准入制度之间的矛盾

在西方国家，法学教育与法律职业有着紧密联系，法学教育是从事法律职业的必备条件。从发达国家的通行做法来看，司法、法律服务是一种只有经过法律教育才能胜任的职业，从事这些职业需要具备起码条件，即已经接受过不低于本科的法律教育，只有那些已经取得法学学位的人才能参加律师资格考试或法官资格考试。反观我国，从法学教育与司法制度的发展历史来看，中国的法学教育自1949年以来一直就存在与法律职业相分离的问题，未经大学法律教育而担任法官、检察官、律师的情形较为普遍。

由于受客观因素的影响，我国的法学教育与法律职业长期处于分离状态，从法学教育的出口到法律教育资格考试，从法律职业资格考试到法律职业的进口之间存在明显的流程断裂，表现为"两个可要可不要"：一方面，法学教育不是法律职业的必备条件，不管学习什么专业，都可以参加国家统一的法律职业资格考试，是否经过法学教育的专业训练不是参加法律职业资格考试的必要条件，接受法学教育成为参加法律职业资格考试的非必要条件，不论是谁，只要能够通过司法考试，即具备了从事法律工作的资格；另一方面，法律职业资格考试与法律职业之间也存在严重脱节，在实践中，不具备法律职业资格证书的人通过各种途径也可以进入司法队伍从事法律职业，以至于法律职业资格也成为进入司法队伍"可要可不要"的可变性条件。

法官、检察官与法学教育及法律职业资格考试制度的脱节程度甚至较律师更为严重，从法官、检察官和律师的队伍构成上看，不具备法律职业资格的人不能从事律师业务，但在法院系统或检察院系统，不具备法律职业资格而在法院、检察院任职并从事法律职业的人不在少数。持有法律职业资格的人可能从事不了法律职业，不具备法律职业资格的人却可以从事法律职业。审视从法学教育到法律职业资格考试，进而到法律职业从业机会的获得之间的各个环节，足见法学教育与法律职业之间的脱节程度不容乐观。

上述制度性障碍对法学教育的负面影响是巨大的，现实中以法律职业培训学校代替大学法学院进行法学教育的做法比比皆是。结合司法考试的运行情况看，考试制度的相对滞后，司法考试大纲与法学院校的教育教学大纲之间并不衔接，有统计数据表明，具备法学学位的人未必比没有法学学位的人更胜一筹，局部地区甚至出现非法学专业的考生司法考试通过率长期高于法学专业考生的"倒挂现象"。据国家司法考试中心的统计数据，接受过法学教育的考生通过率与没有接受过法学教育的考生通过率基本持平。在法学院校甚至广为流传这样一种说法，所谓"法学教授考不过法学博士，法学博士考不过法学硕士，法学硕士考不过法学本科"。

由于制度允许非法学专业考生参加司法考试，实质上形成了一个法学教育与大量的司法考试培训班之间的恶性竞争市场，在一个不规范的市场中，出现"劣币驱逐良币"效应，司法考试主宰法学教育的局面难以避免。实证调研表明，目前，我国法学教育已经越来越多地受到司法考试的影响，系统、科班的法学教育已经出现沦为司法考试培训教育的错误趋势。这样的结果，使得法学院专门化的法学教育缺乏存在的合理性和必要性，法学教育丧失科学的目标导向，法律教育与法律职业的关系定位不清的局面更为严峻，法律职业既是法学教育的目的又不是法学教育的目的。从目前法学专业学生的就业情况来看，大部分的法学专业学生包括研究生从事非法律专业工作，形成从事法律学习人数众多但真正从事法律职业有限的矛盾局面，绝大部分学生不得不转行从事非法律工作，在此现状下断言法律职业是法学教育的目的未免失之偏颇。

4.3 中国法学教育问题产生的原因

4.3.1 中国法学教育危机的根源

造成以上问题的原因多种多样，应当说是多种原因形成的合力，造成了当今法学本科教育的困境。这里有大学层面的原因，有社会层面的原因，也有教育管理层面的原因。

4.3.1.1 法学院数量盲目扩大、法学专业盲目扩招

形成此问题的原因：一是20世纪八九十年代法院、检察院和律师事务所的重建和发展为受过专门法学教育的人才提供了大量的就业平台，带动了大学兴办法学教育的热潮。二是不少高校为了提高学校地位，建成多学科、综合性大学，急于开设法学院系，并不断扩大办学规模。三是在高校"扩招"的背景下，一些学校认为法学不像其他学科那样需要有较大的投资和专业性很强的师资队伍，也不像工科那样需要实验室、仪器的巨额投入，因此未经充分论证，甚至办学条件也不完备，便东拼西凑，匆忙开设了法学专业，低水平重复建设的现象严重。四是盲目办学，缺乏对未来就业市场的客观分析。许多学校在开设法律专业之前，并没有对社会到底需要多少法学毕业生进行调研，更没有对所办法学院系的定位进行清醒的分析，缺乏明确的办学目标，也不清楚其毕业生的未来走向，盲目上马，一哄而起。五是利益驱动，把办学当成创收的手段，只要有人报考，就来者不拒，照单全收。六是某些地方的教育行政管理机构缺乏全盘考虑，仅仅从政绩或规模角度出发，对审批环节没有严格把关，没有制定严格的法学专业准入制度。中国的法学教育至今没有制定出统一的教育准入制度，更缺乏完善的监理机制。国家和省（区、市）两级教育主管部门通过控制学校的校级官员任命、人员编制、招生人数、教育经费等重大事务，对学校的法学教育行使着直接的控制权，学校在很多时候只是听从主管部门安排，履行教育职能，难以自主发展。以上6个原因导致中国法学教育呈现"粗放式"发展，只管招生不管就业，法学本科毕业人数大大超过了现阶段法律就业市场的接纳能力。

法律教育界自己不懂得节制。每个院系都觉得自己有能力培养更多的法律学生，当然经济的动机很明显。法学教育产业化，想方设法把教育变

成一种赚钱的方式，最后导致的结果是，法律教育逐渐把自己的身价给贬低了，催生了一个巨大的教育危机。

4.3.1.2 法学教育与法律职业相互脱节

法学教育与法律职业衔接过程中出现了诸如法学院毕业生就难，法律需求无法得到恰当满足等问题，法学教育中出现以上问题的原因具体表现在以下方面。

（1）我国大多数法学院系的培养目标不明确。

由于定位不确定，导致法学院系各个专业的培养方案雷同，课程设置大同小异，缺乏个性。

（2）教学与社会严重脱节。

法学院系开设的课程以传授系统、科学的知识为目标，很少考虑对学生实际操作能力的培养和社会的实际需求，法学在某种意义上成为一种坐而论道的玄学。大多数法学院系毕业的学生走出校门后往往面临着无从下手的困惑和尴尬：辛辛苦苦学了四年法律，而面对实际问题和具体案件时，却不知如何着手。受过系统训练的大学法律专业本科毕业生、硕士研究生甚至博士研究生只有部分人能进入法院和检察院，而到法院、检察院工作的人又不一定都是学法律的。这种现象造成法律从业者素质参差不齐，相互之间缺乏共同的价值取向和共同的思维模式，法律从业者实践能力和适应能力较差。

目前，中国法学院系在课程设置上，几乎没有类似于法庭调解、法庭辩护、庭审实践或律师实习等基于能力培养的课程。虽然法学院系规定了学生的实习期，但是随着法学专业学生人数的增加，以及受就业压力的驱动，这种实习制度已经失去了它原有的价值。许多公、检、法部门及律师事务所因业务的压力和不放心学生的工作能力，并不是特别愿意接纳实习生，即使接纳，也很少为学生提供必要的法律职业训练机会，职业训练往往被打杂性事务替代。

（3）适合社会发展的新兴学科开设不足。

进入21世纪以来，社会对新兴学科的需求变大。但是，法学院系的教材普遍存在观点陈旧、知识老化、教条空洞、新颖不足的毛病。同时，法学院系由于师资实力欠佳和教师懈怠于更新知识，以及因循守旧的办学观念，缺乏对市场需要、社会需要课程设置的灵敏反应和调整。这些都严重制约着学生对社会的贡献，使得教学对社会的应有作用大大降低。

另外，从课程的设置来看，不少法学院系通常只设置了必修课而选修课极少，其中符合学生"口味"，有实际作用的课程更是少之又少，从教学方法来看，不少法学院系长期以来一直采取单一式、大一统的"填鸭式"教学模式，缺乏多样化模式，培养理论型人才达不到要求，培养应用型人才也不够格。当前我国不少法学院系存在法学教育结构不合理，教学内容与现实脱节，培养目标狭隘、盲目的问题，造成法学专业学生普遍存在"四有余，四不足"的问题：专业有余而广博不足；理论有余而实践不足；动口有余而动手不足；考试成绩有余而办事能力不足。学生身上存在的学非所用，职业素质、社会适应能力及求职能力低等问题制约了用人单位对法学学生的需求。

法学院系所借助的学术研究、知识体系和传授方式，已经与实践严重脱节了。简单来说，在法学知识与法律技能之间，中国法学教育最为尖锐的问题是足够重视前者，却忽视后者，即忽视了作为法律职业人对于执业技能的需求。

4.3.1.3 人才培养目标的方向定位不明确

当前我国的法学教育，无论是全日制学历教育，还是成人在职教育和函授教育，无论是专科层次的法学教育，还是本科及研究生层次的法学教育，培养目标几乎都定位于为国家输送合格的法律人才，也就是说致力于法律人才的培养和教育。然而根据世界各国的经验，培养一名合格的法律人才，其要求是很高的。一名合格的法律人才不仅应当通晓法律知识，而且还必须具有史学、经济学、社会学以及其他社会科学、自然科学等方面的基础知识；不仅能掌握大量的法律规定，而且还必须具有严密的法律推理能力、娴熟的法律运用能力以及良好的职业操守等。法律人才的培养不是一朝一夕、轻而易举就可以完成的，既要有充足的学习时间和实践机会，又要有良好的师资和丰富的教学资源。

虽然国家对教育体制进行了一系列改革，如扩大了学校的自主权，对各级学校的结构、比例进行了调整，教育费用完全由国家负担改为由国家和学生分担，毕业也由国家统一分配改为双向选择，学校之间在师资、生源、经费等方面拉开了距离。但改革是"摸着石头过河"，如何根据自己的办学条件，制订相应的培养目标，有一个摸索、完善的过程，短期是无法完成的，由此产生了许多问题，如急功近利，一些学校为满足各行各业、各层次的需要，广招生源，撒大网，把培养目标定得大而空，却缺乏客观的、理智的、科学的、精确的论证。经过对不同层次院校进行专业性的考察，笔者发现我国法律专业本科人才培养目标有以下缺陷。

（1）人才培养方向不明确。

"高级人才""高层次法律人才""一流人才""高素质""德、智、体全面发展，能适应建设社会主义法治国家需要"等提法导出不穷，一些学校对于培养目标的政治方向、服务方向、专业方向、人才类型及质量定位却不清楚。

（2）人才类型定位贪全图新。

一些学校不顾是否必要和可行，一味追求"复合型""创新型"人才；在确定服务方向时，一些学校囊括了所有与法律专业有关的科研教学及实务部门；一些学校要求学生在知识方面"具有坚实的法学理论基础，系统地掌握法学知识和法律规定，了解国内外法学理论发展及国内立法信息，并能用外语阅读专业书刊"，在能力方面"能较熟练地运用有关法律知识和法律规定办理各类法律事务，解决各类法律纠纷，并具有从事法学教育和研究工作的能力和素质"。实际上，仅仅四年，将一个普通高中毕业生培养成一个法律全才，这是办不到的。

（3）分层培养目标不清。

不同学历层次的培养目标区别不大：本科与专科，本科与硕士研究生的培养目标无大的区别。普通高中学生进入本科学习的、在职司法人员培养的、已学习了一定时间其他专业课程的（如双学位或 JD 教育）基本没有区别。

（4）不同学校的培养目标几乎无差别。

重点院校与非重点院校、全国性院校与地方性院校、综合院校与非综合院校的培养目标没有多大区别。但这些院校在生源、师资、教学设施、办学经费、学科建设水平等方面却差距很大，在教学观念、教学管理模式方面也存在差别，这些因素都会制约其培养目标的实现。

（5）没有将政治素质和职业道德的培养放在应有的高度。

部分学校的培养计划对专业培养目标规定得较明确，但就法律专业对伦理、道德的特别要求，虽有"高素质""德智面发展"之类表述，却针对性不强，具体要求不明确。而法学专业的特殊性，决定了其在政治思想和职业道德方面有特殊的要求，甚至应用型的法学人才与基础型的法学人才，在政治素质和职业道德要求上也会有一定的差异。

（6）应用能力的培养目的不明确。

一些学校普遍重视专业知识教育，但对应用能力的培养，一些院校没有涉及，一些院校却要求很高。一些学校要求学生"能较熟练地运用有关法律知识和法律规定办理各类法律事务，决各类法律纠纷""善于运用所学知识解决市场经济中的法律实际问题，具有较强社会活动能力"，但对学生究竟应当具有何种应用能力——组织力、操作能力、协调能力、解决问题的能力等，应当具有何种程度的应用能力——较强的、广泛的、很强的、一般的，定位不准确。

4.3.1.4 法律人文教育缺乏

长期以来，我国的法学教育过于看重法律知识教育而忽视法律人文教育，法学教育基本上变成了规定与条文的训练，缺乏对学生思考能力的培养和批判精神的养成。这导致许多法学专业学生只知法律条文，不知法律文化；只知法律规定，不知法律人文精神。这一局面无疑是失败的，毕竟法学并非一门能够自足的学科，法律知识需要与其他人文社会科学的知识有机地结合起来。关注隐含在法律背后的法律理念、价值取向、社会观念、文化背景和知识传统，才能彰显法律的人文主义价值关怀。法学院系在进行法学理论教育的同时，还必须把强化以学生法律职业内涵以及理想与现实教育为主的法律人文教育。

目前我国法学教育中职业精神和法律理念等方面教育的缺失，导致我国很多法学专业的学生仅仅将学习法律作为谋生的手段，缺乏对法律职业本身的价值追求和法律人应有的社会责任感。

4.3.1.5 法律职业教育没有特色

我国法学教育的起点偏低。过去我国法律人才缺乏，法官法、检察官法、律师法对法律从业者的专业条件没有严格要求，即使没有经过系统法律培训也可以到司法部门工作。与此相应，各种法律教育纷纷出现，如法律中专甚至法律职业培训商中都出现了。法律教育同其他教育一样，从职业高中、中专、大专一直到本科、研究生教育，开设课程大同小异，表面上很全面，实际忽视了法律职业教育的特殊性。法学教育层次多、规模大、质量低，造成各种所谓"法律工作者"泛滥，服务质量低劣，服务报酬低廉的现实。

4.3.1.6 法学教育老师缺乏专业知识

由于我国各个高校的法学院系的"门槛"不同，高校不少从事法学教

育的老师,实际上缺乏法学职业的专业知识,主要体现在以下方面:

(1) 高校喜欢聘用高文凭和高职称的教师,缺乏具有法律实务部门工作经验的教师。不少法学教师缺乏法律实践工作经验,其教学工作也只是擅长传授理论知识。法学教育严重忽视对学生的法律思维和职业实务能力的训练,很少考虑到对学生实际操作能力的培养。

(2) 不少法学教师的法学专业知识水平低下。法学教育招生规模逐渐扩大,师资明显不足,于是很多非法学专业的教师和其他方面的人员纷纷涌入法学教师队伍。法学老师中有许多来自历史、政治、科学社会主义、哲学、外语、民族学等学科的教师。法学科班出身的教师中,本校毕业留校者又占据了大多数。这种先天营养不良和近亲繁殖的情况绝非个别现象。当然,这些老师中也不乏佼佼者,然而总体质量难令人满意。

(3) 有海外经历的法学教师的作用没能发挥出来。即使有法学的"海归"博士、硕士、访问学者,他们学到的许多先进的教学经验和知识也没有得到院系行政管理部门的认可。

(4) 法学教师缺乏法律职业训练。尽管绝大部分法学教师受过很好的教育,多数毕业于名牌法学院,但是他们在当教师之前大多不曾在律师事务所执业,也没有在实务部门工作过,他们对法学教育目标缺少清楚的了解,学校课程设置杂乱无章,教师过于依赖几种有限的教学方法,甚至连这几种方法都有名无实。他们既没有受过教学技能培训,也没有教学经验,缺乏对教育理论的理解,这些对中国法学教育质量产生了不良影响。

有学者撰文称:"很多法学毕业生找不到工作就去读研究生,读了研究生还是找不到工作就去那些刚成立的法学专业院校当老师,从而培养出更多找不到工作的法学学生,形成自我繁殖、自娱自乐的局面。"这样的自我繁殖,对于法学教育整体上的损害是致命的。

4.3.2 社会层面的原因

4.3.2.1 法律就业门槛高导致学生就业难

(1) 法院和检察院是法学毕业生就业的首选单位,但是现在要进入这两类单位已经越来越难。原因有二:一是统一的司法考试制度实施以后,法院、检察院招收审判员和检察员要求应聘者必须具有法律职业资格证书。2008年以前的司法考试规定报考者必须拿到学位证书和毕业证书后方可报考,这就使得法学学生在校期间无法参加司法考试,进法院、检察院工作的资格受限；二是按照现在的录取政策，进法院、检察院不仅要具有法律职业资格，而且必须要通过公务员考试，而公务员的考试难度正在逐年增加。

（2）考取国家公务员的难度逐年增加。《中华人民共和国公务员法》实施以后，公务员报考人数逐年增加，竞争日益激烈，一般来说报考人数和录取人数的比例都在 501 比 1 以上，个别中央国家机关甚至能达到 10 001 比 1 以上。法律专业毕业生报考公务员有专业上的优势，但由于目前公务员招考实行中央和地方单独组织考试的体制，每个省甚至市、县都有自己的考试科目、考试范围、考试时间，考试内容和时间各异，往往造成冲突。学生为获得更多的公务员录用机会，往往在各省疲于奔命，人为地增加了毕业生的就业成本和就业难度。

（3）行业的高风险、高竞争使许多毕业生望而却步。进入律师行业是广大学生选择法学专业的一个重要驱动力。但是目前法学专业毕业生去律师事务所就业的比例呈下降趋势。原因有四：一是司法考试制度实施后，律所招聘也要求应聘者具有律师职业资格，难度加大；二是毕业生缺乏必要的社会阅历和广泛的人脉，且缺乏法律实务方面的训练，无法快速上手，不具备独立接案的能力；三是我国目前的律师事务所大部分都是合伙制、合作制，追求利润最大化，在用人方面注重短期效益，缺乏长期培养、长效用人机制，没有人才储备的积极性；四是律师行业具有较大的风险性，许多毕业生思想准备不足，望而却步。另外，中国律师的两极分化现象越来越严重，明显地形成了穷律师和富律师阶层。律师职业起步太艰难，扼杀了许多年轻人的律师梦。

（4）企事业单位的用人需求不确定。目前，企事业单位已经成为法学专业毕业生就业的增长点。但是法学毕业生去这些单位就业也存在一定的障碍。一方面，对于大部分中小型企业来说，使用冷门的法律人才对他们来说还属于高消费，毕竟不是他们所急需的技术型人才；另一方面，对于一些规模较大的企事业单位来说，他们需要的是更高层次的成熟的法律人才，因此，初出茅庐的应届生也很难符合他们的要求。所以，应届法律毕业生处于一个两难的境地。

以上问题反映出，法学人才培养规模的盲目扩张与用人单位用人需求的有限性和局限性矛盾格外突出。

4.3.2.2 我国法律教育机构设立混乱

改革开放以来,随着社会主义市场经济体制的建立以及全面依法治国方略的不断实施,我国需要大量的法律人才,法学又一次成为我国的显学。从就业的角度来看,在我国当今就业形势相对紧张的情形下,接受法学教育在很大程度上可作为谋生的途径,因为相对来讲,接受过法学教育的人其就业空间非常大,尤其是从事法律职业,更有很大的诱惑力,这就是近些年来法学成为热门专业的重要原因之一。而从举办法学教育的机构或部门这一视角来看,利益上的驱动更为明显。主要表现在以下方面。

(1) 对既得教育利益的维持。

我国自20世纪50年代以来曾大量吸收未受过任何法学教育的人进入司法系统。先入者对后来者(哪怕是优秀者)进入该职业领域以及进入之后的升迁机会产生很大的阻力。然而,在我国全民教育水平不断提升的前提下,提高法律从业者素质的呼声也越来越强烈。为了保障与维持先入为主者即教育水准处于劣势状态的司法工作者的利益,从1980年开始,国家设立了对在职司法人员进行法律培训的机构,如法官的培训机构是各级人民法院的"业余大学",以便让以前没有受过任何法律教育而又担任了法官的人接受相应的法学教育。20世纪90年代,司法机构设立了法官学院与检察官学院,这些非教育机构所办的培训机构同样也授予法学类文凭。与此同时,给政法干部提供在职学历教育的其他机构也得以产生,如:中央与地方的政法管理干部学院,各级党校,中华全国律师函授中心,各种职业大学、干部学校、广播电视大学的法学专业以及大学附设的函授学院、夜大、成人教育学院的法学专业等。至此,我国的法律教育形成了普通高等教育、成人教育和司法人员培训三分天下的局面。另外,在大规模进行在职法学教育的同时,没有受过任何法学教育者仍然可以源源不断地进入法律职业,换句话说,在大学法学教育不能成为法律职业资格的条件下,进行在职法学教育的机构就永远具有其生存的空间,这就进一步导致了我国法学教育与法律职业之间的分离。

《中华人民共和国法官法》与《中华人民共和国检察官法》的颁布以及修改虽提升了进入法律行列的门槛,但对于已在位的法律从业者则采取了保护措施,如1995年的《中华人民共和国检察官法》第十条第二款规定:"本法施行前的检察人员不具备前款第(六)项规定的条件的,应当接受培训,在规定的期限内达到本法规定的条件",这就使成人教育机构与司法培训机构继续具有与普通高等教育机构并存发展的空间。

（2）计划外招生成为高校的创收渠道。

高校自身为了创收，在"计划内招生"之外，大量地进行了各种层次不同的"计划外招生"，这是导致我国多层次法律教育形成的又一重要因素。"计划外招生"人数由招生学校自行决定，而收入归学校所有。由于"计划外招生"虽然在入学标准、学制、学习业绩等方面与"计划内招生"有很大的差距，但"计划外"的学生可以得到与"计划内"的学生完全相同的行业证书或学位证书。

经济利益对法学教育导向起不良作用，在教育被作为一种产业的现状下，法学教育的经济导向功能更为明确，再加上我国仍然没有设立一个统一的兴办法学教育的标准，因而出现不管是否有条件开办法学教育，都来争抢法学教育市场的局面，根源就是经济利益，如许多学校或类似机构在其师资力量等极其匮乏的情况下，仍然开设法学教育，而今，在经济利益的驱动下，我国法学教育呈现的多形式、多层次、多渠道泛滥的局面有愈演愈烈之势。

4.4 完善中国法学教育模式的建议

4.4.1 营造良好的法学校园文化

高校校园文化建设的主要任务是：①以理想信念教育为核心，树立正确的世界观、人生观和价值观；以爱国主义教育为重点，弘扬和培育民族精神教育；以基本道德规范为基础，开展公民道德教育；以大学生全面发展为目标，开展素质教育；②加强校风建设，提高教职工凝聚力，培育良好校风；③积极开展校园文化活动，把德育与智育、体育、美育有机结合起来，寓教育于文化活动之中，促进大学生思想道德素质、科学文化素质和健康素质协调发展；④加强校园人文环境和自然环境建设，建造精神内涵丰富的物质文化环境，努力营造良好的育人氛围。

高校校园文化以其所蕴含的精神因素、信念因素、道德风尚等，作为一种文化氛围而弥漫于师生之间。高校文化的构建中，物质文化是基础，行为文化是载体，制度文化是保障，精神文化是核心。良好的校园文化具有重要的育人功能，在教育、引导、激励大学生健康成长方面具有重要作用。所以，法学院系应当积极探索校园法学文化建设的途径，以改善法学院系校园文化。

4.4.2 开发网络信息平台辅助法学教学

知识经济时代，信息方面的知识和能力已构成法学人才培养的重要内容。网络信息平台辅助法学教学是指将网络作为法学教学活动的辅助手段来实现法学教学过程的教学模式。网络信息平台辅助法学教学是总体法学教学环境积极有益的补充部分。比如，1985年诞生于北京大学法律系的"北大法宝"数据库，集法律检索、司法案例、法学期刊、法律英文译本于一体，全面收录1949年至今的38万多件法律文件；国内16家法学期刊全文，各刊内容覆盖创刊号至今发行的所有文献；13家法学核心期刊目录。"北大法宝"数据库下属的中国法律英文译本数据库，译文包括北京大学法律翻译研究中心翻译的文本、国家立法机关提供的官方译本及经有关机构授权使用的译本。这些重要的教学和学术资源应当被重视和有效利用。

4.4.3 走法学教育国际化道路，培养高端法律人才

将法学教育国际化，既能避免国内高校的同质化竞争，又能解决我国法学高端人才缺乏的问题。有条件的法学院系应当高度重视国际交流与合作，注重提升学院办学的国际化水平，积极向国际化方向迈进。有条件的法学院系可以与国外大学及港澳台地区大学法学院、知名跨国公司及公益机构签署合作交流协议，构建国际学术合作的基本平台和关系框架，内容涵盖学术交流、科研合作、教材编写、学生交换、学位攻读等方面。

有条件的法学院系还可以与国外大学合作举办国际学生交换项目，接收外国学生来院学习交流。有条件的法学院系也可派出研究生、本科生赴对方院校学习并按照协议取得学分。有条件的法学院系还可以与"国际司法桥梁""亚洲基金会"等国际组织开展合作，推动法学院系"法律诊所教育"和学生实践活动；接待国外学生暑期交流班；定期派出法学教师到国外的法学院做访问学者，或参加国际会议，或开展不同领域、不同形式的学术访问和交流。总之，国内法学院系通过多种国际交流形式，努力培养高层次法律人才。

4.4.4 完善高校创业教育，鼓励更多的法学学生自主创业

4.4.4.1 建立"内外结合"的创业教育管理机构

（1）建立校内创业教育管理机构。

有条件的法学院系应该设置专门的大学生创业管理机构指导和设计大学生创业活动。创业教育管理机构应定期针对各个年级的大学生开展校园科技创新活动，如针对低年级学生可开展大学生创业知识竞赛、分行业实践调查研究，并要求所有的学生都参加，让学生在了解创业理论知识的同时提高创业实践能力；针对高年级学生开展创业计划设计大赛等，全面提升创业能力，为未来的工作积累丰富经验。

（2）建立校外创业教育管理机构。

国家和地方政府应设置专门的创业教育管理中心（目前可以设在各级人力资源保障部门和教育管理部门），该中心应利用各种媒体宣传大学生的创业活动，并为在校师生提供科技转化基金，为大学生创业提供场所和其他软硬件设施。中心还应定期组织全社会范围内的创业知识大赛、创业计划设计大赛，并邀请企业界和媒体参加，为大学生提供面对面的创业指导。政府不但应该对大学生创业给予各种优惠政策，还应给予为大学生创业搭建平台的企业融资、税收等方面的优惠，从而形成大学生创业的全社会支持网络。

4.4.4.2 采用"兼专合作"的教师培养方式

开展创业教育的教师既要具有深厚的专业理论知识，又要具有丰富的实践经验和管理才能。目前，在创业教育师资培养方面可以分两步走：一是可以从企业或政府部门聘请一些既具有实际管理工作经验，又具有理论修养的企业家、咨询师等与学校将要担任创业教育的专职教师合作讲授创业教育课程，这样，一方面解决了创业教育教师缺乏的燃眉之急，另一方面也可以通过兼职教师带动专职教师，使其迅速成长；二是选拔具有一定专业理论知识的教师到创业教育管理机构举办的培训班培训，到企业挂职锻炼，从理论和实践两方面提升专职创业教育教师的教学水平。同时，学校应对从事创业教育的优秀教师给予一定的物质奖励，以激励更多的教师参与创业教育，办好创业教育。

4.4.4.3 构建"四位一体"的创业教育培养模式

虽然创业学具有独立的知识体系，但是，创业意识的培养、创业能力

的培养、全方位创业知识结构的培养并不是一门课程所能完成的。创业基础知识介绍和创业意识培养应在大一和大二时进行，大三和大四时就应该通过创业实践锻炼学生的创业能力。同时，我们应该认识到，创业教育是跨学科的教育，各个专业的教学体系中都应该体现创业教育的要求。具体来说，体现在以下"四位一体"教学模式之中："一体"是指培养学生的创新思维、创新能力、创造能力和创业能力；"四位"主要体现在以下四个方面。

（1）课堂教学中融入创业教育。

目前，法学院系应在现有课程体系基础上，开设"创业人才学""大学生创业"等选修课程，逐渐引入"大学生创业基础"课程，深入持久地开展创业教育，并倡导专业课教师在课堂上尽量多地引用与创业相关的案例进行教学，为学生学习创业知识和开展创业实践活动提供理论支撑，最大限度地丰富学生的创业知识，培养其创业精神。法学院系还应不定期地开设大学生创业教育系列讲座，聘请创业教育专家或创业成功人士来校开展创业专题讲座，介绍先进的创业知识和经验。

（2）在实践活动中开展创业教育。

一是通过校企合作，促进产学研结合。这是高职教育发达国家培养应用型人才的成功经验，也是"四位一体"模式实施的关键。很多综合性大学都拥有一大批MBA学员、EMBA学员或工程硕士学员，他们是学生进行创业实践的宝贵资源。除此之外，学校还可和企业或中介机构联合，为同学们开发实践基地和实训项目，将所学的理论知识运用到具体的实际工作中去，逐渐完成从"校园人"到"社会人"的角色转变。二是鼓励和组织学生参加"创业计划竞赛""企业案例分析大赛""校内外创业沙龙"。法学院系应在全校范围内开展"小发明、小创造、小制作、小论文"的"四小"竞赛活动，着力培养学生的创新能力、创业能力。

（3）毕业论文写作中体现创业教育。

为改变目前学生论文千篇一律、东拼西凑的现象，高校应结合各学科的专业特点，鼓励学生结合自己的创业实践经验选择论文题目，设计论文。论文要有实际案例支撑，毕业论文既是对过去实践经验的总结，也是对未来工作的经验积累。

（4）就业取向上展示创业教育。

事实证明，经过系统创业培训和实践的学生，毕业后有很强的自主创业意识。据美国麻省理工学院（MIT）统计，该院师生平均每年创办200

家新公司，仅这些公司就提供了数百万就业岗位，销售额达几千亿美元。另据统计，硅谷60%~70%的企业是斯坦福大学的学生和教师创办的。美国表现最优秀的50家高新技术公司有46%出自MIT的创业计划大赛。美国有20%~30%的大学生毕业后选择了自主创业。

  作为教育工作者，我们一方面应积极呼吁和联系有关部门从政策体系和激励机制等方面为大学生创业提供良好的制度和环境，另一方面应在就业指导上帮助学生分析就业时应注意的问题，学会专业技能的鉴定、综合素质的评定、职业品质的认定，以及自身能力、兴趣甚至是弱点的分析等自我鉴定文本的书写，鼓励学生自主创业，或者短期找一个能积累工作经验的工作，以后再自主创业。

5 法学教育培养模式的实践与改革

5.1 国外法学教育培养模式

5.1.1 德国法学教育培养模式

德国的法学教育是大学教育，且有着悠久的历史。法学院属于德国大学产生之初就设置的四个学院之一，其他三个学院是文学院（起初为预科）、医学院和神学院。近代以来，从德国的法学院里走出了一大批让今天的法科学生引以为豪的思想家和学者，包括普芬道夫、莱布尼兹、托马修斯、沃尔夫、胡果、黑格尔、费尔巴哈、马克思、普赫塔、温德沙伊德、耶林、李斯特、施塔姆勒、基尔克、迈尔、韦伯、坎特诺维奇、拉德布鲁赫和考夫曼等。尤其是萨维尼（1779—1861 年），在长达 34 年的教授生涯中（他 29 岁任法学教授至 63 岁辞职），为法学在近代成为一门独立的科学作出了别人无法替代的杰出贡献。他首先将法学的研究对象从自然法、理性法转到实证法尤其是习惯法，使法学由虚妄变得有用；在方法上，他把法学看成是历史经验和系统理论的综合，使得法学兼具实践和理论的意义。

5.1.1.1 德国法学教育的目标及改革

德国法学教育的传统以培养法官为目标，这种培养目标使德国大学法学教育注重培养学生的裁判思维，教授学生法官应具备的法学概念、规则、原理与体系，并擅长运用法教义学与案例解析，培养学生理解、解释与适用法律的专业能力。然而，这种单一的法学教育培养目标在教育改革讨论中备受质疑与批评。法律实务界更是一致认为，法学教育教学重点过于狭窄，忽略了对学生其他法律专业能力的培养，毕业后的学生进入律师行业后并不具备辩论、磋商等法律专业技能。为了解决法学教育中存在的这些问题，德国对法学培养目标作出相应的调整与改变。尽管2003年颁布的德国《法学教育改革法》仍将法学教育培养目标确定为"取得法官任职资格"，但是在立法材料中提出法学教育要培养"具有全方位能力的法律人"。并且新修改的法律强调了大学法学教育应该考虑司法裁判、行政与法律咨询实践以及这些实践所必需的关键技能，培养学生谈判管理、会谈、辩论、纠纷调解、和解、调查以及交谈的能力。

5.1.1.2 德国法学课程的设置

根据《德国高等教育框架法》的规定，法律专业与其他专业一样，课程安排形式上为8学期（包括在校期间的各类实习课），实际上，根据学生完成学习计划的快慢，德国法律专业课程约从7.5个学期到12个学期不等。当然，原则上亦可更短或更长。但由于德国法学课程内容庞杂，7.5个学期内能结束学业的学生实属罕见，而需要12个学期以上时间完成在校课程的学生却很多。过去，由于对大学学习期限无明确规定，不少人文及社会科学学科的学生倾向于晚毕业，原因在于：一是可以从容安排时间，享受生活；二是以学生身份可享受包括衣食住行等方面的各类优惠待遇；三是可避免失业的尴尬和窘迫。但这一现象在法科学生中似乎并不典型，因为法科学生普遍有较强的进取心（否则不必选择这条充满艰辛的道路），而晚毕业只能使自己丧失年龄优势和其他竞争力。课程体系的设置在一定程度上由教育培养目标所决定，德国的法学教育体系也在改革讨论中备受批评，成为教育改革的重点。主张改革的观点认为，传统的法学课程科目与内容设置范围过窄，多局限于国家司法考试的领域，而忽略了在理论上、实践中对法学训练具有关键作用的领域。而且，法学教育培养不能只是局限于法学专业的培养，法学学生应具备对社会的敏锐洞察力与思考力，以及与人沟通与交流的技巧与能力，而之前的法学课程并没有为他们提供足够的社会、哲学、历史等基础课程。另外，随着社会的发展，移民法、环境法、科学技术法、环境资源法等部门法律变得日益重要，可是已有的法学教育课程设置使学生难以有充足的时间和精力来学习这些法学课程。并且，随着全球化和欧盟一体化进程的推进，国际法律事务日益繁多，法学教育也应该重视学生的外语能力，增设国际、欧洲以及国外法律课程，提供机会让学生去其他欧洲国家进行学习、交流，以提高德国法学学生的国际竞争力。依据德国《法学教育改革法》，大学课程的必修课程除了民法、刑法、公法以及诉讼法等核心课程外，还包括欧洲法以及法学方法论、哲学、历史和社会基础课程。除必修课程之外，选修课程旨在补充法学知识，深化学生对必修课程的理解，并加强对跨学科知识、国际法律关系的认识。同时，德国《法学教育改革法》还调整了第一次国家司法考试的形式，司法考试由大学考试的选修课程和国家考试的必修课程两部分组成，其中，大学考试占比30%，国家考试占比70%。

怎样对必修课程的学习进行阶段划分以及如何安排各阶段学习内容，则由各大学自己决定。如慕尼黑大学《法学学习规则》第6条第1款将全部必修课程的学习划分为三个阶段，即初级阶段、中级阶段、复习和加深阶段，并规定了各阶段应达到的要求，除了必修课程的学习，学生还要参加选修课程的学习。选修课程的设置是《德国法官法》的规定。《德国法官法》第5条a第2款规定，大学学习的内容包括必修课程和选修课程。不过，《德国法官法》对选修课程的内容并没有规定，选修课程的内容主要由各州法律和各大学规章详细规定。选修课程从必修课程学习的中级阶段开始，到第一次国家司法考试前结束。

5.1.1.3 德国法学教育的教学方法

传统的德国法学课程一般有讲授课、练习课、研讨课等多种形式。讲授课由教授主讲一门课程的法学基础知识，众多学生听讲，以系统培养学生的法学理论基础。讲授课是大学教学的一种最古老的形式。据说，在大学设立之初，书籍缺乏，教师只能通过呆板的系统宣讲，甚至念讲稿来传授知识。自书籍普及以来，这种方式就被以系统讲解某门课的基本原理为主，辅以背景知识和现实情况介绍的形式代替，目的在于使学生对某门课程有一个概貌式的了解。练习课由高级助教或教授助手主持，还常有法官、律师参与指导，学生先用在讲授课或研习小组中掌握的基本理论对案例进行分析（是故此课也称案例分析），然后主持人组织讨论并加以系统总结。练习课旨在培养学生将理论应用于实际的技巧和方法，所练习的内容为民法、刑法和公法的一般原理和上述三方面的具体制度共六门。练习课的考试方法分为当场笔试和家庭论文（各三次）。当场笔试是在监考人员在场的情况下，在两小时内书面回答若干问题。家庭论文被安排在无课期间，由学生在利用参考资料的基础上课外独立完成。练习课注重训练学生的法律伦理、法律评价能力。研讨课一般在高年级设置，课程会确定具体的法律论题，由学生在老师的指导下搜集资料进行研究后，在课堂上作学术报告并交流讨论，旨在锻炼学生的学术研究能力，增强他们的独立思考与口头表述能力。参加者为具有一定基础理论和研习方法的高年级学生。根据讨论的内容，学术讨论由教授单独或与资深法官、检察官共同主持。其进行的方式是：学生在教授拟定的一些具有讨论或争论意义的主题（如婚姻中的强奸罪是否成立）中选取一个，在课外进行准备，写出大纲全文，然后在讨论会上作一个简短的学术报告，全体参加者包括主持人可对此进行评议，或作出自己的解说，最后由主持人作出评定总结。学生再根据讨论的情况，完成一篇约20页的学术论文，提交给教授，以期获得一张成绩单。随着德国高校法学教育培养目标与课程设置的改革，法学教育在传统的法学授课方式之外，也发展了新的教学方式。围绕培养学生多方位法律能力的教育目标，德国高校调整了其教学方式以提高学生的法律实务能力，尤其是训练学生律师职业的专业技能，如合同起草、谈判、辩论、磋商等技巧。并且，借鉴国外法学教学方式，德国高校也引入了英美法系的模拟法庭、诊所教育等教学模式，让学生在实践中掌握律师的业务技能，体会律师的各种角色和处理案件的能力，增强他们的社会责任感。

5.1.2　美国法学教育培养模式

5.1.2.1　美国法学教育的培养体系和培养目标

美国的高等法学教育可分为三个培养层次：法律博士学位、法学硕士学和法学博士学位。

（1）法律博士学位。

法律博士属于美国高等法学教育基础学位，其毕业生占美国法学专业总毕业人数的90%。美国法学院秉承"法理源于法律之外而非其自身"的理念，对在美国取得文学学士学位或理学学士学位，或在其他国家完成本科学位的学生敞开大门，因此美国法学院把法律教育的起点定位在研究生层次。攻读美国法律博士必须通过法学院入学考试（LAST），满分为180分，及格线是120分，但哈佛大学、耶鲁大学、宾夕法尼亚大学等大学的法学院分数要求都在160分左右。美国法学院还会结合学生的本科平均学分绩点（grade point average，GPA）及社会实践等其他情况来综合考虑是否录取。

（2）法学硕士学位。

在美国拿到法律博士学位的学生以及在其他国家已经获得法学学士学

位的学生可申请法学硕士学位，学制为 1~2 年。法学硕士分为三种类型：一种为课程硕士学位，对学生感兴趣的某个法律领域进行专业性的培养，使其在毕业后能够胜任某种法律工作，如税法硕士、劳动法硕士、知识产权法硕士等；第二种为理论硕士学位，主要培养法学教学和研究人员，此学位侧重对学生的理论研究和论文写作能力的培养；第三种为一般硕士学位，主要将学生培养成未来法学院师资或专业领域的研究人员，同时学生也可以参加纽约州和加利福尼亚州的律师从业资格考试，今后成为律师。

（3）法学博士学位。

攻读法学博士学位要求是已获得法学硕士或法律博士学位者，学制一般为 3~5 年，培养目标是成为精英学校的法学师资或高等研究人才。学习方式是撰写法律专业论文并协助导师承担教学或研究工作。

在美国法学教育体系中，上述三个层次的培养目标是不同的。法律博士层次主要是为法律职业部门培养实践技能型人才，法学硕士和法学博士层次主要是为高校和研究机构培养教学研究型人才。正是这种明确的分工使法学院学生能够从入学到毕业对自己的就业有更明确的定位，在学习阶段更专注于所学的内容。

5.1.2.2 美国法学院的课程设置

美国法律博士的学制为 3 年，法学院根据每年反馈的学生就业去向不断调整课程安排。对于本科为非法学专业的法律博士来说，快速获得实用的职业技能是他们进入法学院的主要目的。美国法学院的学生在校期间须修满大约 90 个学分。在美国法律博士的教学内容中，必修课约占 1/3。一项对全美 60 所法学院的抽样调查表明，49%以上的必修课集中在合同法、侵权法、刑法、民事诉讼法等的写作和研究上，38%的必修课为专业职责方面的内容。而选修课则涉及税法、行政法、刑事诉讼法等上百门课程。美国法律博士第一年主要是学习必修课，内容包括调整私人间相互交往的私法课程，调整个人与政府关系的公法以及相关的诉讼程序制度，法学院会为学生提供法律检索分析和法律写作课程，以便指导学生寻找和分析法律。美国法律博士第二年安排的课程以选修课为主，主要学习与工业及商业活动有关的基本法律问题，如商法、公司法、托管法、破产法、劳动法、合伙法、独资法等法律课程都在选修列表中。美国法律博士第三年给学生安排的是法律职业技巧和修养等选修课程，主要是为了提高学生在实际法律工作中的效率，也希望学生在熟练掌握法律实务技能后具备一定的法学理论修养，如法律哲学、法律历史、行业规则、司法程序制度、证据法、法理学等。学生可以在修够基本学分的情况下根据自己的兴趣和计划尽可能修更多的课程。

美国法学教育被定位为职业教育，就是为学生日后顺利走上律师等工作岗位服务的，所有课程设置与活动安排也都出于培养未来法律职业人才的考虑。在美国，只有通过了美国律师协会认证的法学院才会被认为是通常意义上的正规法学院，而绝大多数州也只允许从正规法学院毕业的学生参加律师资格考试，这无异于从源头上保证了正规法学院在人才培养目标上必须向律师协会的要求看齐。美国律师协会规定法学院除了必须教授给学生基本的法律知识、必要的执业技能与完备的职业伦理之外，还应当给学生提供充分的实训机会，包括但不限于法庭辩论、事实调查、文书写作谈判协商、咨询访问等。

5.1.2.3 美国法学院的教学方法

目前来看，美国法学院的教学大多采用以判例教学法为主，多种法律技能训练法为补充，同时兼顾一定的课堂讲授的方法。判例教学法要求学生课前大量阅读有关判例，通过阅读判例进行归纳推理，进而探求法官判决时遵循的法律原则。在教学过程中，教师与学生之间互相问答、互相辩论，培养学生对于判例的分析能力和理解能力。课堂的教学内容全部围绕判例展开，然而不同的老师会选择不同的教学方式。有些老师偏好与国内教学方法较相似的以讲授为主的方式，辅以少量的课堂提问，而有些老师仍然使用法学院传统的苏格拉底教学法，这其实就是一种拷问式的教学方法，由老师在课堂上针对前一天布置的预习内容向一名学生如连珠炮一般不停发问和反复追问，来深刻揭示判例当中存在的问题。在苏格拉底式的拷问之下，从来没有人敢不认真完成课前预习。通过判例教学法，学生的基础能力能得到严格的训练，如阅读能力和写作能力。以美国法学院所做的实践导向教育为例，其要求的阅读材料以法院判例为主，辅以一些教学性的阐释。

正常情况下，美国法学院学生每个星期的阅读量都在150~200页（B3纸张）。美国法学院在写作方面的训练也是与法律实务密切结合，从如何使用各数据库做有效的法律调查，如何严格按照行业规范进行引用和注解，到如何撰写法律备忘录、法律意见书，最后通常以一次模拟的庭前口头辩论结束。在一年繁重的任务结束之后，学生至少掌握了基本的写作规范。

判例教学法有助于训练学生的法律思维，但是也存在一些弊端：在知识的传授上，判例教学法以判例为主体，对于大量制定法关注不够；判例的选择具有随机性，不具有明显的代表性，学生的学习不够系统全面；判例教学法耗时太多，复杂烦琐，耗费学生的大量时间，加重其学业负担；老师对于学生的提问，导致学生容易对法律产生恐惧心理，师生之间不易建立良性互动关系。由于判例教学法的这些弊端，以及美国制定法的大量出现和法学原理的发展，课堂讲授的方法正逐渐成为美国法学院教学的重要方式。美国的不少法学教材，除了大量判例以外，逐渐增加了制定法和一些法学原理，以及其他学科的知识内容。在课程安排上，美国法学院也增加了不少原理课程和专题课程，将判例分析与原理讲解结合在一起，使学生兼顾理论与实际。

20世纪60年代，法律诊所成为美国法学院课堂之外最重要的教学方式。诊所式法律教育是对当时美国法学教育中判例教学法的某种不足的修正。这种教育模式借鉴了医学院培养实习医生的医学诊所模式，教师通过指导学生参与法律实践，促进学生对法律理念的深层理解，培养学生的法律技巧，增强学生的职业道德感，形成学生的法律职业思维能力。诊所式法律教育形成于20世纪60年代。当时美国贫富差距分化的现象日渐加剧，律师高额的收费与低收入家庭的沉重负担形成了鲜明的对比，许多美国法学院开设的法律诊所为穷人提供免费法律援助，这为法学院学生提供了实践机会。同时，诊所式法律教育的前身——判例教学法已随着法学教育的发展呈现出越来越多的局限，主要因其缺乏实践性内容而成为法律教学改革的重点目标，人们开始怀念学徒制度，诊所式法律教育在这种背景下逐步形成。20世纪末以后，诊所式法律教育步入发展阶段，法律诊所涉及的领域更加广泛，突破刑事、民事代理范围，延伸到人权、移民、环境保护、社区发展等新兴领域。当然，诊所式法律教育在几十年的发展中，也面临许多难题，如诊所经费的来源，诊所教师地位的认可等。其中部分问题得到了不同程度的解决，如一直困扰诊所式法律教育发展的教师的地位问题已获得很大的提高，这说明诊所式法律教育开始向纵深发展。诊所式法律教育采取多种不同的形式对诊所学生进行法律职业训练，包括经验式的、实践性的训练。训练的主要目的在于教授学生从事法律职业所必需的技能。通过诊所教育，学生们能够学习到重要的、基本的专业技能。美国诊所教授的律师从业技能的范畴包括：解决问题的能力，法律分析和推理能力，事实调查能力，交流、咨询、谈判、诉讼、争端解决能力，发现并解决道德困境的能力，提供有力辩护的能力，维护公正公平和社会道德的能力。调查表明，在美国，诊所式法律教育产生之前，学生们认为无法在学校获得上述技能。

5.2 中国法学教育培养模式的实践

5.2.1 中国法学教育培养模式的实践考察

新中国成立70多年来，尤其是改革开放来，我国在法学教育和法律人才培养方面取得了显著成绩，培养了一大批优秀法律人才，为中国经济社会发展特别是社会主义民主法治建设作出了不可替代的重要贡献。随着社会主义市场经济体制的日渐完善和全面依法治国方略在我国的确立，社会对法学人才的需求呈现快速增长的趋势。我国无论是在法律人才培养的规模方面，还是法学教育自身的内部建设方面都取得了重大进展，法学教育也呈现空前的繁荣。在法学教育多形式、多层次、多渠道发展方针的指导下，我国的法学教育事业获得了前所未有的大发展。从法学招生学校数量和招生规模来看，1976年，我国仅有2所法律院系；1978年，有6所法律院系，178名教师，1 299名在校生；1987年，共有86所法律院系，42 034名在校生；1987年，恢复招收法学研究生，当年共有在校法学研究生3 951人；1999年，全国有330所普通高等院校设置了法律院系或法律专业，在校生达6万余人，占全国普通高校在校生总数的2.2%；2016年，全国有600多所高校设有法学本科专业，300多所大学或是研究机构有法学硕士点，全国每年招收法学本科生超过10万人，在校的法学本科生超过40万人。"十一五"期间，我国高校法学专业累计培养法学类专业本科毕业生36万多人。法学教育与法律人才培养工作的深入开展为国家的法治建设与法治进步作出了重大贡献，但从整体上看，还不能完全适应社会主义法治国家建设的需要，尤其是随着社会的发展，法学教育与法律人才培养遇到了前所未有的困难和问题，突出体现在以下两个方面。

5.2.1.1 法律人才结构性"过剩"严重

一方面,法学毕业生就业困难,"供大于求"。法学毕业生就业率连续多年垫底,法学专业也"亮红灯"。《2016年中国大学生就业报告》显示,法学专业连续三年(2013年、2014年、2015年)就业率垫底,成为毕业生数量较多的十大专业中就业率最低的专业。法学因此与哲学、艺术、汉语言文学、英语、电子商务等专业一起被调侃为"就业垫底专业"。另一方面,高层次、高素质的卓越法律人才严重缺乏。具有开阔国际视野和眼光、通晓国际规则、能够参与国际事务和国际竞争的国际化法律人才和具有精湛实务技艺的卓越法律人才极度缺乏,导致近年来国际法院在国内寻觅精通两种以上外语的高端法律人才作为大法官人选都屡次求而不得、失望而归,涉外事务也面临洋律师抢滩的倒悬之急。同时,基层、西部地区法律人才严重缺乏,尤其是面向法律服务机构、企业及其他社会组织、村镇的基层法律人才严重缺乏。另有资料显示,目前我国约有26万名律师,但是只有20%左右的人能从事高端的法律业务。总体来看,我国法律人才呈结构性严重"过剩"状态,"高端上不去、低端没人去、中端严重饱和"是真实的写照。法律人才的结构性"剩"将随着毕业生失业人数的逐年积累不断凸显,势必影响社会稳定。法律人才供需矛盾与结构性"过剩"的问题,从一定程度上说明法律人才培养已陷入严重困境,法律教育已经越来越难以适应新的社会形势需要。

此外,与此相伴的另一恶劣后果也应予以高度重视,即就业压力的增加反过来又影响法学院日常教学秩序,进而影响法学教学质量。为了找到一份工作,无论本科生、研究生几乎都要花费一年左右的时间为就业做准备,或者忙于考取各种资格证书(如律师资格证书、会计师证书等),或者在各种机构实习(非教学计划的实习)以获取就业需要的相关经历,或者奔波于就业市场。对于学校的课业,学生往往处于应付状态,上课反而成为学生的"兼职工作"。久而久之,恶性循环,法学院学生本该在学校教育阶段获得的能力没有培养起来,所学的理论知识又与实践脱节,出现用人单位不满意、学生就业率走低的现象也就不足为奇了。

5.2.1.2 法律人才整体质量下降

20世纪90年代以来,我国高校开始大规模扩招,全国高校毛入学率大幅提升。同时,从事法学教育的院校也急剧扩张,从知名院校到电大都开设了法学专业,有的学校根本就没有法学专业师资,由其他专业教师充数。这一教育大众化的过程与中国经济的跨越式发展一样，存在诸多问题，集中表现在人才培养规模扩大与教育质量下降之间的矛盾，教育资源的有限导致培养的法律人才质量下降，且良莠不齐。可以说，从数量上来说，我国可以称得上是法学高等教育大国，但是大而不精。有调查显示，近几年法学专业大学生的综合素质呈现整体性滑坡。在理论学习层面，表现为知识结构不合理，专业面过于窄化，缺乏个性；在实践层面，突出地表现为大学生基本素质缺失，社会责任感不强，团结协作观薄弱，实际动手能力差。许多法学毕业生工作后至少要三四年以上的时间才能学会审理案件、处理案件、代理各种法律事务，面对如此长的"磨合期"，实务部门对法学专业的毕业生质量和法学教育的模式颇有微词。此外，由于法学院系仅注重在法学理论知识层面的传授和学术型人才培养，而对法律职业能力培养的重要性认识不深，忽视了对学生法律职业技能的训练，导致学生缺乏应有的职业素质。

5.2.2 法学专业现行人才培养模式之探讨

法学教育与法律人才培养问题存在的原因复杂。学生主体地位的削弱、学校教育管理体制的缺陷以及社会不利因素的影响均是问题存在的原因，法学教育准入门槛过低也是造成法学教育与法律人才培养问题多的重要原因之一。一些根本不具备办学条件的院校纷纷开展法学教育，也是造成问题的重要原因，但研究者基本上都认为，人才培养模式的不科学无疑是问题存在的主要原因，甚至有的学者认为现行法学专业人才培养模式正在将高等法学教育带入一条"死胡同"。对于法律人才培养为社会所普遍认同和遵从的实践范式和操作样式是什么，高等法学教育"培养什么样的法律人才"和"怎样培养法律人才"等根本性和方向性问题，现行法学专业人才培养模式无法回答。

5.2.2.1 教育人才培养脱离法律职业和社会实际需要

法学教育与法律职业有天然的密切关系，法律职业所需人才基本出自法学教育，教育人才培养脱离法律职业和社会实际需要是我国法学专业人才培养模式的缺陷之一。我国的法学教育与法律人才培养模式是在法律专业长期备受忽视和贬低的情形下发展起来的。长期以来，过于强调法学教育的学术性和法学的学科性而缺乏法律职业的引导和社会实际需求支撑，导致我国法学教育和法律人才培养缺乏应有的专业性和针对性。法学教育与法律职业、法律人才培养与社会实际需要的长期脱节，其结果是，一方面，导致法学教育走自成一体的发展道路，使中国法学教育的学科化、学院化现象成为主流；另一方面，法律职业的分工难以形成专业化、专门化，也使法律从业人员难以走上职业化发展的轨道。

5.2.2.2 培养目标不明确，特色缺失

培养目标是人才培养模式的核心要素。培养目标不明确、特色缺失是现行法律人才培养模式的又一重要缺陷。很多学校在法学教育和法律人才培养方面缺乏科学的办学定位和办学特色，主要表现在既没有注重法律职业特点，也忽略自身的特点与优势，甚至有的学校在开设法学专业方面就存在很大的盲目性，法律人才培养目标不明确，更不能充分结合自身优势，形成培养特色。由此造成各个高校在人才培养定位、培养模式和课程设置等方面千篇一律，毫无自身特色可言，其结果是法学本科、研究生的知识结构雷同，既不能体现学校人才培养的特色，又不能突出个人能力方面的特点，更不能满足经济建设、政治建设、文化建设、社会建设和生态文明建设的客观需求。

5.2.2.3 人才培养起点偏低，层次不清

我国尽管形成了不同层次的法律人才培养体系，但起点普遍比较低。自20世纪80年代中后期开始，各类非全日制高校（如独立成人高校、函授大学、职工大学、各级党校、政法管理干部学院、法院业余大学、中华全国律师函授中心、中央广播电视大学及所属各地分校、高等教育自学考试等）都竞相开展高等法学学历教育；同时，因与理工科相比，法学专业建设无须实验设备，专业师资投入也偏低，由此导致一些不具备开设法学专业条件的高等院校为尽快成为综合性大学，迫不及待地建立法学院。这在很大程度上拉低了法律人才培养的起点，导致法律人才培养层次的混乱和业余化，不仅影响法学教育和法律人才培养的质量，而且会对法律职业造成十分严重的负面影响。

5.2.2.4 忽视对学生的职业能力培养

法学教育与法律职业有天然的密切关系，高校法学专业承担为司法机关及社会各界输送法治人才的重任，高等法学教育作为法治人才培养的主要承担者，能否满足国家和社会对法治人才的需求，是检验其成功与否的基本依据。但实践证明，我国的法学教育与法律职业严重脱节，忽视对学生法律职业能力的培养，在法学专业人才培养中表现为重理论教学而轻实

践能力培养。法学是一门社会化和实践性很强的学科，学生所学知识最终都需要运用到实践当中，依靠实践来不断检验与完善。对于复杂多变和不可预测的现实问题，仅通过理论知识的运用往往难以解决，还需要根据生活经验、判例等进行分析，方能给出具有建设性的解决方案。因此，一名优秀的法律人才不仅需要有扎实的理论基础，还应当具备良好的实践能力，在阅读理解、询问技巧、倾听交流、思考分析、应用写作等方面具有高水准。现行法律人才培养模式却存在一个弊病：注重理论知识的灌输而轻视学生实践能力的培养，从根本上忽视或无视法律的应用价值和学生未来职业的定位。理论与实践脱节已成为我国法律人才培养的最大弊病，教育与社会相脱节已成为我国法学教育最大的问题，其最为突出的表现就是实践教学的羸弱。法学教育通常主要在课堂上进行，对学生讲基本的法律知识和学术研究观点，而缺乏以实际案例分析、司法判例解读为代表的实务拓展，对实际审判、案件分析的介入更是少之又少，实践教学往往流于形式，不受重视。重理论分析、轻实务训练的人才培养模式严重制约法学人才的知识结构提升和能力培养，直接造成毕业生难以满足社会不同领域、不同行业对于法律人才的要求的局面。除实践教学不力外，学生实习工作愈发弱化。虽然法学院校规定了学生的实习期。但是随着法科学生人数的增加，以及受就业压力的驱动，这种实习制度已经失去了它应有的价值。许多司法机关及律师事务所也因业务的压力和对学生工作能力的不放心，并不是特别愿意接纳实习生，即使接纳，也很少为学生提供必要的法律职业训练机会，职业技能训练往往被打杂性事务所替代。

5.2.2.5 课程设置不合理，教学内容滞后

很多院校在课程设置上存在不合理现象，难以达到人才培养目标的要求，这主要体现在以下方面：其一，课程设置漠视学科特点、忽视学科联系。我国的法律体系是一个严密、统一、和谐的整体，与此相适应的，部门法之间存在内在的逻辑联系，但是很多院校的课程设置过于僵化，漠视学科特点，忽视学科之间的横向联系，课程设置的包容性、跨越性不足，由此导致学生的领会贯通能力差、发散性逻辑思维弱，难以应对稍显复杂和多变的综合性法律实际问题。其二，理论课程与应用课程设置不合理。部分院校按照实用主义思路大量增开民法、刑法等应用课程，而大幅压缩法理、法史等理论课程课时，受学分制影响，学生学科"轻理论基础、重实务应用"的倾向明显，进而不利于法学逻辑思维的培养和整个学科体系

的搭建。其三,实务课程设置不足。大部分的法律院校在课程设置上,几乎没有类似于法庭调解、法庭辩护、庭审实践或律师实习等基于实务能力培养的课程,由此导致大量法学专业毕业生进入实务界以后难以胜任和适应具体的法律实务。此外,很多院校和教师在教学内容的设置上,跟不上时代发展的节奏,教学内容过于滞后。一个典型的例子就是,法律已经大修或新法已经出台,但所讲授的内容还是旧法的规定。

5.2.2.6 教学方法滞后、单一

法学是一门技术性和实践性很强的学科,在法学教育和人才培养中要重视教学方法的创新,实现教学方法的与时俱进和多样化。但从整体上看,在教学方法的选择上,多数院校与教师的教学方法仍以课堂教学为核心,以教师讲授为主,重"师本"轻"生本"、重"接受"轻"探究"、重"文本"轻"实践"的现象多见,知识灌输和理论填充的特点明显。有的学校尝试进行案例教学法、诊所式教学法、讨论型授课法等教学方法的推广和运用,但在目前的教材体系、教学模式和考试模式的框架下,这也仅是局部的尝试,远没有形成高校法律人才培养的主流教学方法。"教师读教案、学生记笔记、考试时背笔记"是一种普遍现象。这种传统的教学方法虽可以使学生系统地掌握该课程的基本概念、原则和知识,却不能培养学生的创新精神和实践能力;虽有助于学生系统地掌握法律基础理论,但因教学概念化、形式化和教条化的色彩较浓,容易造成法律教学内容局限于理论讲解、法条注释,导致学生既难以将理论与实践相结合,又对理论知识的理解不深入。最终的结果就是造成学生成为只是一个被动接受知识和记忆知识的机器,而没有做到传授知识与训练学生能力并重,人为地割裂了理论与实践的联系。"填鸭式"的讲授、"教式"的授课无助于学生创新精神以及职业技能的培养,不仅无法调动学生学习的主动性和积极性,降低学生对法律的学习兴趣,而且压抑了学生处理实际法律案件和自主创新的能力。

5.2.2.7 法律人文教育缺乏

法学学科的交叉性、渗透性特征显著,从法学的发展历史中可以看出,法学从来就不是一个自给自足的学科,为了满足社会发展的需要,它必须不断从其他学科中汲取知识来充实自身的发展。因此,法学教育和法律人才培养的开展需要与哲学、经济、管理等其他学科知识的讲授有机结合,从而才能发现、理解隐含在法律背后的法律理念、价值取向、社会观

念、文化背景和知识传统，进而彰显法律的人文主义价值关怀。但长期以来，我国的法律人才培养过于看重法律知识的讲授而忽视法律人文主义的教育，法学教育与法律人才培养基本上变成规定与条款的训练，缺乏对学生思考能力的培养和批判精神的养成，导致许多法学专业学生"只知法律条文、不知法律文化""只知法律规定、不知法律人文精神"。法学教育和法律人才培养中职业精神和法律理念等方面教育的缺失，导致我国很多法学专业的学生仅仅将学习法律作为谋生的手段，缺乏对法律职业本身的价值追求和法律人应有的社会责任感。

5.2.2.8 学生法律思维能力欠缺

"法治实际上是一种思维方式……法治固然取决于一些复杂的条件，然而就其最直接的条件而言，必须存在与之相适应的社会思想方式，即只有当人们能够自觉地而不是被动地、经常地而不是偶然地按照法治的理念来思考问题时，才会有与法治理念相一致的普遍行为方式"。我国要顺利推进法治建设，法治人才将是其中的主力军，在法学教育中重视对学生法律思维的培养显得尤为重要。因此，法律思维既是法学教育的中心，也是法律职业能力的核心要素。大学法学教育不仅在于规范知识的传授与操作技巧的训练，更在于培养法律精神和法治信仰，掌握法律思维方法和运用法律语言。法律思维是法治人才从事法律职业的思维模式，是法律人运用法律思考、分析和解决问题的方式，是高校法治人才培养的重要环节，要求法治人才在解决法律问题和揭示法律现象时应当具有系统性、全方位的思维方式，在分析问题和解决问题时应当紧密联系现行社会背景，正确通过多门学科知识的运用，实现对法律现象的全方位把握。然而在实际中，在将一个具体案件交给一个法学专业的学生分析时，学生经常是依据普通人的公平感来判断案件的是非曲直，并没有形成一个法律人该有的分析案件的思维方式。学生难以融会贯通所学知识，无法运用所学知识与各学科之间的联系灵活全面地分析相关问题。法学教育培养的法官、检察官、立法工作者、行政执法工作者以及仲裁员、律师等法律职业工作者，其区别于其他职业人的是其具有独特的法律思维。而在我国开设法学专业的院校中很难找到能够养成学生法律思维的法学方法课程，欠缺对法律思维方式的全方位训练。

5.3 全面依法治国背景下中国法学教育培养模式的改革

法学教育的社会发展功能要通过一种间接的途径来实现，也就是必须通过促进个体的发展培养社会所需要的人才来实现。党的十八届四中全会提出全面依法治国的宏伟目标，而全面依法治国更强调对高素质法治人才的需求。高素质法治人才又与高等法学教育密切相关。因此，全面依法治国必然对高等法学教育提出新的要求，而高等法学教育也承担着在新的历史背景下实现全面依法治国的重要保障任务。

5.3.1 全面依法治国对法学教育的要求

实现全面依法治国离不开法治人才及其教育机制的创新，培养造就一批熟悉和坚持中国特色社会主义法治体系的法治人才和后备力量是法学教育肩负的重要历史使命。全面依法治国对法治人才的培养提出了新要求，同时也为未来中国法学教育与人才培养目标改革、培养机制与模式的创新提供指针。

5.3.1.1 明确法学教育的职业性质

根据党的十八届四中全会的精神，针对中国当下法学教育的困境，重新明确法学教育的性质，使其回归职业精英教育本源，是推动中国法治人才教育变革的逻辑起点。法学教育的目标是培养大批治理国家、管理社会的高层次法律人才，国家和社会需要各种职业的专门人才，因此，法学教育的性质是职业教育，是培养精通某一领域的专门人才，而不是通识教育。长期以来，我国普通高等院校的法学教育实行的是通识教育而不是法律职业精英教育。通识教育是面向所有大学生的非专业教育，它为学生进行专业学习提供必要的综合知识储备，但通识教育具有局限性，具体表现为：单一的通识教育与法律职业教育的特殊性不符，导致毕业生缺乏较强的职业能力，难以在短时间内胜任检察业务、审判业务、律师业务等法律业务。可以说，法学教育与法律职业的脱节已经在深层次上制约、影响甚至阻碍我国法学教育的进一步改革和发展。

明确法学教育的职业性质，一方面，彰显了法学教育的重要性，即承担为国家培养法治人才的使命；另一方面，也说明法学教育是培养法律职业人才的一种专门教育。法律职业是以受过专门的法学教育，具有较高的法律知识水准，掌握法律职业技能的法官、检察官、律师、法学家为核心的人员以操作法律事务并实现法律价值作为共同终极目标的活动所构成的职业。法律职业是指专门从事法律适用、法律服务工作的特定职业。美国法学家庞德认为，法律职业是指"一群人从事一种有学问修养的艺术，共同发挥着替公众服务的精神，虽然附带的以它谋生，但仍不失替公众服务的宗旨"。随着我国全面依法治国方略的推进，法律职业成为社会关注的重要职业。法律职业作为一种高度专业化的职业，在长期的发展中，形成了一套包括法律思想、学术流派、价值标准和各种制度规定在内的法律知识体系，以及从事法律职业必须具备的高度专业化的法律思维、法律意识、法律语言、法律方法、法律解释、法律推理、法律信仰和法律伦理等。法律职业的上述特点，显然又是基于法学教育的培养而形成的，这实际上也说明了法学教育的特殊性和法学教育属于专门教育的原因。可见，职业教育是法学教育自身属性的反映，法学教育的目标是为法律职业群体提供基本的教育和训练，进而产生法律实务部门所需的法律专业人才。从世界范围来看，无论是英美法系国家还是大陆法系国家，都非常明确其法学教育的职业教育性质。在英美法系国家，法科学生接受法学院职业教育是从事法律职业的必由之路；在大陆法系国家，接受正规的法学教育也是从事法律职业的前提条件。由此，法学教育承担的主要任务是为立法、司法、执法、法律职业部门培养大批高素质的法律人才，提供严格一体化的法律职业教育、培训和终身化的法律继续教育。同时培养一批与法官、检察官、律师等职业相配套的从事法律辅助工作的高级应用型法律职业人才。当下，针对中国社会发展的实际需要，应当更加明确法学教育之职业性，培养更多合格的职业法律人。

5.3.1.2 彰显法学教育的中国特色

中国是一个具有悠久历史的文明古国，封建社会的传统法律体系虽已解体消亡，但中华法系的精神却绵延不绝，深刻地影响人们的生活方式。法治中国建设必须吸收这些思想源泉，认真总结悠久的法律文化积淀，扬弃旧义、去粗取精、与时俱进、开拓创新，维系中华法律文化的血脉，使之焕发新的生命力，这是时代赋予高校的职责。习近平总书记指出，我们有我们的历史文化，有我们的体制机制，有我们的国情，我们的国家治理有其他国家不可比拟的特殊性和复杂性，也有我们自己长期积累的经验和优势，不能妄自菲薄，也不能数典忘祖。我们在法学学科体系建设上要有底气、有自信，要以我为主、兼收并蓄、突出特色，深入研究和解决好为谁教、教什么、教给谁、怎样教的问题，努力以中国智慧、中国实践为世界法治文明建设作出贡献。

高校在法治人才培养中，要坚持以马克思主义法学思想和中国特色社会主义理论为指导，强化立德树人的教育理念，更新观念、优化结构、创新流程，有力推动法治人才培养"双轨并进"，注重提高学生的法学知识水平，更要培养学生的思想道德素养，使"德法兼修"成为法学人才培养的主流理念、主体模式、主营机制，全面提升法治人才培养的质量。

5.3.1.3 不断提高法学教育质量

法律人才都应该接受严格的法学教育，这是保障法治人才培养质量的基本要求。我国的法学教育起步较晚，改革开放以来，素质教育一直是我国高等教育的主导目标，在此价值取向的指导下，法学教育的培养目标虽然被笼统地定义为素质教育，但法学专业素质教育的具体内容却十分模糊。一直以来，素质教育的培养目标，总是简单地表述为培养德智体美劳全面发展的能从事政法实际工作的专门的法律人才，却没有对法律人才的知识结构、实践能力、法律精神、职业道德和人文素养等提出明确要求，这导致了法学教育的办学成本低、准入门槛不高、法律人才总体质量不高等弊端。当社会开始认真对待法律知识和技能时，法学教育理应进入真正的"黄金时代"，但我国法学教育却面临饱和危机及巨大的竞争压力，法治人才培养与社会需求之间出现严重失衡，一方面，法学教育低层次盲目发展，难以有效提升学生专业基础和实践能力，无法达到法律人才市场的需求，致使法学本科毕业生就业率一直处于走低的态势；另一方面，建设法治国家急需一批既熟悉和坚持中国特色社会主义法治体系又通晓国际法律规则并且善于处理涉外法律事务的涉外法治人才。法学教育的质与量是此消彼长的关系，量的泛化必然导致质的下降，未来法学教育应是两者均衡发展。

实现全面依法治国的目标，要求更加注重法学教育质量，夯实建设法治国家的人才基础。就法学教育整体而言，有必要进一步调整法学教育规模、结构，逐步建立和完善准入机制和退出机制。从学校层面而言，要根据学科、师资等实际情况，明确本科生、学术型研究生、法律硕士生的不同培养目标，建立健全相应的培养机制，不仅要使学生具备法律从业者应有的综合素质，还要培养其从事法律职业所必备的知识能力，更重要的是通过引导其树立社会主义法治信念和培养社会责任感，将其培养为合格的社会主义建设者和接班人，同时，建议建立教育系统之外的第三方独立评价制度。另外，我国许多法学院校对学生的考核不够全面和严格，严重影响教学效果。如一些地方院校出于学生就业率的考虑，考试标准过于宽松，补考相当于走过场，留级制度从不认真执行，最后不管学生成绩如何，都发毕业证。更多的学校对法学专业的学生考核标准过于单一，只注重期末考试成绩，忽视平时的考核，或只注重理论知识的掌握，忽视实践技能的考核。所以，对于学生的考核标准必须细化并严格执行，将学生的日常表现和实践技能纳入考核范围，其他配套制度如补考制度、留级制度、学位证书和学历证书制度也应当从严设计，逐步向"宽进严出"的方向迈进，以培养真正适合社会需要的高水平法治人才。

5.3.1.4 强化法律职业伦理培养

作为专业的法治人才，不仅要从规则的角度学习法律，更应从价值与道德的角度体会法律的精神。如果说正义、公平是法律的道德价值归属，是法治的客观目标，那么落实这一目标则必须借助人这一主观因素。法律的生命不仅取决于其制度的完善与否，而且在很大程度上依赖于创制、适用和宣示它的法治人才的资质和素养。一个符合社会需要的法律职业者，不只是一个具有扎实的法学理论功底、娴熟的法律技术和独特的思维方式的职业者，而且是一个具有坚定的法律职业信仰和高尚的职业道德情操的社会精英人物。应当说，法律职业共同体的形成对我国法律职业建设及职业共同体的构建尤其重要，它构成法律职业的价值基础，也是法律职业共同体灵魂之所在。而在价值共同体的构建过程中，法学教育起着不可或缺的作用。法学教育的理念与目标，不可脱离法律职业而存在。只有通过法学教育对法律职业道德的传授，才能形成法治人才共同的价值观、世界观，以及公平和正义的观念。正确的人生观、价值观和职业理想应该是法治人才首先要具备的基本素养。"法律职业作为一种服务社会的特殊行业，有特殊的伦理要求。缺失职业伦理，法律知识越精巧，对社会的危害反而越大"。法治人才的特殊性主要体现在与其他类型的人才相比，其在发挥社会功能的过程中有很大的区别，他们主要从事的是立法、审判及检察等工作，他们不仅要制定社会规则、制止纷争，还要惩恶扬善。法律职业道德与一般职业道德有很大区别，法律职业者必须忠于法律、忠于事实、伸张正义、清正廉明、恪尽职守。

法律职业的技能与职业伦理的统一主要依靠法学教育理念与目标的统一。从历史来看，法律职业的形成是以法学教育的出现为前提的，法学教育出现之后才出现近代真正意义上的法律职业。从逻辑上讲，法学教育提供的系统的法律学问为法律职业技能和职业伦理奠定了专业基础。否则，法律职业就是无源之水，无本之木。因此，无论是法律技能的培养，还是职业道德的传承均依赖于法学教育的发展。两大法系都特别重视加强法科学生的职业道德教育，都在时刻培养学生的法律职业意识，教育学生从一个法律职业人的角度进行思考，强化他们的法律至上观念。如英国的法学院重点安排教学计划来培养学生的综合素质，如道德、法律伦理、职业素质、律己意识等。在美国，法学院特别开设了司法理论或类似有关职业道德的课程，诊所法律教育的许多内容就是围绕树立学生正确的职业观念开设的。诊所法律教育在20世纪70年代风行时，其中重要的内容之一就是加强职业道德教育。我国高校法学专业对学生的职业道德教育重视得仍然不够。现有的法律科目中较少涉及法律职业及职业道德教育方面的内容，即使有也是浅尝辄止。从我国大多法学院开设的课程看，仍没有法律职业道德教育的一席之地。有学者以"卓越法律人才教育培养计划"的基地院校为样本，对41所法律院校开设法律职业伦理教育课程情况进行调研，结果显示开设职业伦理相关课程的院校只有15所，仅占统计样本的36.59%，如果严格限定为开设"法律职业伦理"，则只剩下9所，仅占统计样本的21.95%，再进一步，将法律职业伦理课程设为必修课的仅有4所院校，那么设置法律职业伦理必修课的比例就是9.76%。为此，有学者认为，我国高校法律人才的培养应立足于三个方面的定位：法律技能的培育、法学知识的传授和法律职业伦理的培养。法学教育目标的设定不应当仅停留在传授法学知识和法律技能上，而且需要培育面对社会转型时期的诸多诱惑能够恪守公平正义的法律职业者。

自习近平总书记提出"德法兼修"以来，社会对法治人才职业道德素养提出了更高的要求。法治人才职业的特殊性、法律本身的特性、法治的效果与前景以及法律人在整个法治社会发展过程中所面临的更高的职业伦理要求，这些因素都对法律职业伦理提出迫切的挑战。法学教育承担的不仅是法律知识和法律智慧的传授任务，而且担负着构建法律职业共同体、塑造法律品格、维护法治社会秩序的重任。因此，加强职业素质教育已经成为法学教育界的共识。法律职业伦理教育作为法学教育的重要组成部分，是内化法律职业理念，提高"法律人"职业素养的重要途径。但从我国传统法学教育来看，普遍存在重知识学习和技能培养而轻视职业伦理教育的现象。对此，有的学者经过对国内外法学教育中法律职业伦理教育的考察指出，无论是在比较层面上，还是在我国这些处于相对领先地位的法学院校中，对于法律职业伦理的重视程度都是严重不足的。这既表现在法学本科生培养目标设定方面没有明确提出职业伦理的规范要求，同时也体现在操作层面对法学本科生法律职业伦理课程设置的不够重视。

5.3.1.5 重视法治人才培养协同机制创新

在推进全面依法治国的背景下，法学教育应更加注重提升法治人才的质量，明确其职业教育的性质，而法学教育要达到这两个层面的要求，核心在于法治人才培养机制和培养模式的改革与创新。同时，法治人才培养模式应建立在提升法治人才质量的基础之上，并以中国社会的实际需求为依据。社会经济的快速发展，纷繁复杂的社会生活提出与以往不同的法律人才的需求。当下社会要妥善处理好各种法律事务，往往需要包括法学在内的两个以上学科知识的综合运用，单一的法律知识已经很难适应社会发展的需要。"研读法律的学生如果对本国历史相当陌生，那么他就不可能理解该国法律制度的演变过程，也不可能理解该法律制度对其周遭的历史条件的依赖关系。如果他对世界历史和文明文化不了解，那么他也就很难理解那些可能对法律产生影响的重大国际事件。如果他不精通一般的政治理论、不洞见政府的结构与作用，那么他在领悟和处理宪法和公法等问题时就会遇到障碍"。因此，法学教育要求面向全社会和各行业培养大批具有法律专业知识，又具有本行业专业知识能力的应用型、复合式、开放型法律人才。为实现这一人才培养目标，应更加注重法治人才培养机制的协同创新，建立协同育人的长效机制。《教育部 中央政法委关于坚持德法兼修实施卓越法治人才教育培养计划 2.0 的意见》也强调：切实发挥政府部门、法院、检察院、律师事务所、企业等机构在法治人才培养中的作用，健全法学院校和法治实务部门双向交流机制，选聘法治实务部门专家到高校任教，选聘高校法学骨干教师到法治实务部门挂职锻炼。在法学院校探索设立实务教师岗位，吸收法治实务部门专家参与人才培养方案制定、课程体系设计、教材编写、专业教学，不断提升协同育人效果。目前，高校和法律实务部门之间的合作交流并没有规范性义务的约束，高校教师与法律实务部门之间的人员交流主要依靠双方临时的沟通协商，缺乏必要的长期协调机制，因此，建立高校与法律实务部门之间双向交流的机制很有必要。

5.3.2 全面依法治国背景下法学本科教育课程体系和教学方法的改革

5.3.2.1 进一步完善课程体系结构

课程体系对于人才的成长与培养起关键的作用。如果说人才是教育生产线上的"产品"，课程体系就是"生产工艺"，其合理与否，直接决定人才的质量。《教育部 中央政法委关于坚持德法兼修实施卓越法治人才教育培养计划2.0的意见》指出，"重点打造200门国家级一流线上线下法学专业课程，推动高校健全课程体系，优化课程结构。鼓励高校开发开设跨学科、跨专业新兴交叉课程、实践教学课程，形成课程模块（课程组）供学生选择性修读。鼓励高校深入实施主辅修制度，丰富学生跨专业知识，培养学生跨领域知识融通能力和实践能力"。法学专业的法学课程体系要遵循法学教育的基本规律，保证法学专业知识结构的完整性，强化法学基础理论教育。完善课程体系结构应当立足于以下要求。

（1）统一性与多样性相结合。

所谓统一性，就是指为了保证法学专业教育的基础知识结构，各校法学院法学专业必须按照《普通高等学校法学类本科专业教学质量国家标准》的要求，法学专业核心课程采取"10+X"分类设置模式。"10"指法学专业学生必须完成的10门专业必修课，包括法理学、宪法学、中国法律史、刑法、民法、刑事诉讼法、民事诉讼法、行政法与行政诉讼法、国际法和法律职业伦理；"X"指各院校根据办学特色开设的其他专业必修课，包括经济法、知识产权法、商法、国际私法、国际经济法、环境资源法、劳动与社会保障法、证据法和财税法等，"X"选择设置门数原则上不低于5门。上述课程是法学专业学生应当具备的基本专业知识，这些课程应当出现在所有法学院的课程表上。多样性则指不同高校法学专业可在兼顾学生知识结构的合理性和平衡性的基础上，根据学生的兴趣及未来择业的需要，本专业或学院、学校的资源优势，开设一些体现办学特色和实际需要的课程。在课程设置的多样性方面，国外的校本课程开发理论值得我们重视。

（2）理论性与实用性相结合。

法律理论学习与法律实践训练构成了法学教育的双重性。尽管我国的法学教育常常不能兼顾二者而落入一个难以两全的尴尬境地，但由于国情的限制，我们在可预见的一段时间内暂时还不能实行素质教育（包括法学基本知识的教育）和实务性的职业教育分开的做法，在设计课程时不得不在理论学习与职业训练之间尽可能地作出平衡。实际能力的培养应当在法学院课程体系中占据重要的地位，法律实务和司法技能应在课程设置和教学内容中得到充分的体现和反映。实践中，一些法学院已经设置了法律诊所、模拟法庭等课程，并在一些课程中注意采取案例教学的方法，取得了良好的效果。这些课程和教学方法的主要优点是能够为学生提供一种真实的法律环境，提供进行法律分析的素材和机会，教学中的启发性和互动性大大增强。同时，通过大量案例，学习法律的学生就能够得到更多技巧的训练，使其在分析案件、进行辩论、起草法律文书等实际操作方面的能力得到强化，具备机敏的思维和雄辩的口才，在毕业后很快地适应实际的法律操作。

（3）国际性与本土性相结合。

课程体系的国际化不仅是法律关系、法律业务国际化的要求，也是对多元化的法律文化理解的需要。一国法科学生不能只懂自己国家的法律，还要有国际化的知识背景，才能适应社会对涉外法律人才的需要，才能养成对其他法律文化的尊重和宽容。《教育部 中央政法委关于坚持德法兼修实施卓越法治人才教育培养计划2.0的意见》要求，进一步拓宽与国际高水平大学和国际组织合作交流渠道，深化与国际高水平大学学分互认、教师互换、学生互派、课程互通等实质性合作，积极创造条件选送法学专业师生到国际组织任职实践，培养一批具有国际视野、通晓国际规则能够参与国际法律事务、善于维护国家利益、勇于推动全球治理规则变革的高层次涉外法治人才，以及服务"一带一路"倡议。为了满足上述要求，在法治人才培养中必须在课程体系的国际化方面多下功夫。当然，我们也应注意到，在课程的设置上，各国法学院大多开设了富有地域特色的课程，通过开设一些本土课程，可以使法学专业的学生了解本土法律制度和法律文化由古至今、由远及近的发展过程，对它们有正确、全面、深入的认识，才能发现其时代意义，这样中国法学教育才能作出自己"无可替代的贡献"。

5.3.2.2 不断创新教学方法与教学手段

教学方法对法治人才的培养和法学教育目标的实现至关重要，但如前文所述，从整体上看，我国多数法学院校与教师的教学方法滞后、单一、过于传统，"填鸭式"的讲授、"说教式"的授课方式仍然广泛存在。培养卓越法治人才，必须要对教学方法予以创新，实现教学方法的多样化，做到教学方法的与时俱进，这是改革现行人才培养模式的重要关节之一。教师不应止步于系统的知识讲授，而应谋求向"知识讲授与职业能力培养"并重的转变，在教学过程中，教师应立足于提高学生的实践能力，培养其应用性和职业化素养，引入启发式教学法、案例教学法、法律实务模拟教学法、诊所式教学法等适于实务型人才培养的多种教学方法。在此基础上，还应实现教学手段的创新，应将信息技术广泛应用于实践教学中，利用多媒体教学打造网络教学平台，通过数据、案例、视频、音频和海量的文字资料的储备或展示，丰富教学素材与教学资料的规模，扩充教学内容，从而帮助学生实现对法学原理和法律运作流程的深度理解与把握。

从法学专业的教学方法来看，课堂讲授法是一种历史悠久的传统教学方法，作为一种主要的教学方法，课堂讲授法对人类文明的传承和发展可以说是功不可没。无论过去，还是当前，课堂讲授法都应当是学校课堂教学中既经济又可靠，而且最为常用的一种方法。然而，由于各种原因，许多教师不能恰当地运用课堂讲授法，结果形成了教师"满堂灌"的僵死局面，扼杀了学生的主动性、积极性和创造性，也导致了一些误解，一些人在理论上常常错误地把学生接受教师的讲授不加分析地说成是机械式的被动学习，甚至在当前高等教育教学改革中，还有人错误地把课堂教学效果不佳，教学质量不高归罪于课堂讲授法，片面认为这种教学方法既忽视了对学生法律思维方式的培养，又抑制了学生创新能力的提高，既不能充分调动学生学习的积极性，又使学生对学习丧失信心和热情。客观来说，课堂讲授教学法依然是法学实践教学的主流教学法，如何在法治人才培养背景下发挥传统课堂讲授法的优势是非常值得我们深思的问题。笔者认为，课堂教学的重点是基本原则和重要的知识节点的讲授，突出重点，努力做到讲授精练，使课堂教学有更加充分的时间来让学生展示学习成果，交流各自的学习心得与体会，及时解决学生在学习过程中遇到的难点，及时提炼与概括知识要点。教师的主要责任要从以课堂讲授为主，转为以课堂交流与解惑为主，教师的精力主要放在研究与教学主题相关联的背景资料、文献，布置和引导学生课后阅读与课堂教学相关的背景资料和拓展文献，增强学生课外阅读量，引导学生在阅读过程中，注意关注哪些重点问题，要求学生对解决这些问题有见解和主张，努力培养学生的主体精神，激发学生的学习积极性和主动性。

在课堂教学中，应积极引导学生参与课堂讨论，充分发挥教学互动效应。课堂讨论要改变原来"填鸭式"的教学模式，倡导变纯讲解式为讲解式与案例教学相结合、变灌输式为启发式、变纯课堂教学为课堂教学与法庭教学相结合的模式，该方法可以用来细化学生的灵感触觉，促使学生对事实的细微区别的领会，（通过仿真案情）刺激学生的想象力，培养学生区分事物的技能，引导学生创意思考，诱导学生思考理应适用的是非标准，以有助于其判断力的成熟。这种讨论式互动性教学方法能丰富课堂要素，不再将学生作为消极的信息接收主体，而是作为重要的信息发布主体，使课堂气氛更加活跃。通过课堂讨论可以给学生表达观点的机会，既是对学生的尊重，也对学生构成一种心理挑战，可以调动其主动性。此外，如果学生的发言更加生活化和不拘定式，就容易形成一些新奇有趣的观点，引起其他同学的好奇，带动其参与。当然，对于其中偏颇和离题之处，教师可以加以点评，这样更有针对性。由于课程讨论以讨论分析为主，而讨论课需要分组进行，故应强调小班教学。若班级人数太多势必造成教师和学生的交流机会少而困难多，不利于讨论的有效进行。事实上，本科教学为主的大学，其特点之一是小班教学。不论是偏理论型还是实践型的班级，都应将开课班级尽可能设置得小一些，具体每个班应该限制在30人以内，以便在分小组讨论时各抒己见、相互交流，真正做到教学互动。

6 中国法学实践教学模式的革新

6.1 法学实践教学的改进策略

实践教学是以培养学生法律思维能力和法律职业能力为目标,将学生置身于某种特定知识场景中,学生以某种直观的操作方式为主要学习手段完成某种任务,从而将法学专业知识内化为个体经验的学习活动。实践教学是高校法学教育体系的重要组成部分,贯穿、渗透于法学教学的整个过程。实践教学既可以检验和巩固学生的专业知识和理论体系,又有利于训练学生法学专业思维、强化法律职业伦理修养,更有利于提高和锻炼学生法律专业应用能力,是培养高素质应用型法律人才的有效方式。从这种意义上说,法学教育中实践教学的质量决定了法学本科教育的质量,实践性课程开展和实施效果的好坏成为衡量高等法学教育质量的重要指标。

近年来,中国高等法学教育快速发展,体系不断完善,培养了一大批优秀法治人才,为中国经济社会发展特别是社会主义民主法治建设作出了不可替代的贡献。但同时,随着全面依法治国基本方略的深入推进,我国对法治人才的需求愈来愈大,尤其是对有一定实践能力的应用型法治人才有更大的需求。因此,如何培养法学专业学生的法律实践能力成为法学专业人才培养中必须面对的现实问题,甚至在一定程度上关系高等法学教育人才的培养质量。

6.1.1 法学实践教学在法治人才培养中的重要作用

在法治人才培养体系中,法学实践教学既是一种教学思想,又是一种教学实践模式。一方面,法学实践教学模式强调法律知识和法律问题的练习，强调通过开放性的教学内容和多样化的教学形式，促进学生对法律知识的体系建构；另一方面，法学实践教学要突破传统的空间和时间限制，通过实践教学空间和时间开放性的特点，加强学生知识和实践的训练，在实践的应用中巩固法律专业知识，进而灵活运用法律专业知识。随着我国卓越法治人才教育培养计划的实施，法学实践教学在法律专业人才培养中的作用越来越显著。

6.1.1.1　培养卓越法治人才的必然要求

高校法治教育承担为推进全面依法治国输送优秀法律人才的使命，法学专业的学生通过从事法律工作，为法律的普及、法律观念的树立以及法律的实践性作出贡献。社会对法学专业学生的法律素质的要求包括：掌握有关的法律概念、法律原理以及法律创设的理念；了解中国法律体系的框架和法律程序；培养学生良好的法律思维能力和依照法律逻辑解决实际问题的能力；缜密的事实发现能力和论证法律问题的能力；在法律实践中养成终身学习的习惯，不断通过自主学习掌握新的法律知识。这些能力的发展，单单通过法律理论知识的学习以及法律书籍的阅读是无法实现的，需要学生在实践中根据具体的法律事件进行分析和法理判断才能够逐渐形成。

6.1.1.2　有助于培养学生的法律职业技能和法律思维能力

法律职业技能是一种与日常生活技能不同的专业性技能。它是一种受固有的理智活动指导的理智操作，是法律职业所要求的法律职业者应该具备的集法律思维能力、法律知识和法律实践经验综合于一体的能力和技巧。因此，它只有在系统地掌握法学专业知识的基础上才能形成，不掌握法学专业知识就不可能形成法律技能。

6.1.1.3　有助于加强学生对法律专业知识的系统理解和整体把握

传统法学教育模式以不同的部门法为基础进行教学，如刑法学和刑事诉讼法学课程，无论从课程设置还是教学模式来看，往往将二者割裂开来，使学生往往关注它们之间的区别，常常从孤立的角度去审视这两门课程。法学实践教学活动打破了这种人为制造的藩篱，将实体法与程序法知识点结合起来，使法学教育更具实战性和真实性，同时也使学生从多角度加深对相关法学课程和所学法学知识重要性的认识。

6.1.1.4　有助于弥补学生的专业知识结构漏洞

法学专业知识结构的形成源于实践的积累，纯粹的理论教学忽略实践操作，知识结构会出现漏洞。法学专业学生在学习中常有光说不练的困惑，有的学生在遇到很简单的法律问题时也不敢回应，本应清晰明了的法律问题解答步骤变得笼统、复杂，还有的学生误将法律原理记为法律条文，在实践中予以引述。因此，加强法学实践教学，对学生进行实务训练，有助于学生对法律知识进行系统而全面的认识，弥补知识结构的漏洞，减少法律认识上的误区。

6.1.1.5 有助于培养学生的法律信仰和职业素养

法学教育在建设社会主义法治国家中具有基础性和先导性的重要地位，法学教育的程度在一定意义上已成为衡量社会文明进程和法治建设进程的重要标志。必须重视法学专业学生的精神信念和品德培养，使其能够以社会正义为价值准则，树立对法律的信仰。对学生法律信仰的培养除了设置相关课程和必要的课堂讲授外，主要还是应当为学生提供必要的实践体验活动，"信仰首先表现在参与本身"。法律信仰的形成离不开法律实践活动的开展。课堂教学可以间接增加学生的法律实践经验，而法律实践活动的开展则可直接促进学生的法律价值体验，因为实践教学可以增强学生对法律及其价值的感性认识，进而促进学生在感性认识上对法律价值进行理性评价。

6.1.2 我国法学实践教学的主要形式及改进策略

从目前我国高校法学专业所开展的实践教学环节来看，法学实践教学的主要方式可以分为以下几种：一是校内实践教学模式，包括课堂案例式教学、课堂辩论式教学、模拟法庭审判训练等；二是校外实践教学模式（主要指各项专业实习环节），如课程实习、毕业实习、司法实务观摩等；三是校内外皆可进行的教学方式，如法律诊所式教学、法律事务谈判等。

6.1.2.1 完善校内实践教学模式

（1）强化案例教学的系统性。

所谓案例是指包含问题、内容、情节、过程和解决方法的具有一定代表性的典型事件。从教育理论来看，无论是范例教学理论还是建构主义教学理论，都强调经验和情境对学生认知、能力、思维和情感的重要影响。经验的获得和情境的经历均是实践的过程，在实践教学过程中，通过有序而科学的教学方法，能够促进学生的全面发展。因此，运用范例教学理论和建构主义教学理论，根据课程特点推行案例教学就成为校内实践教学的一种重要形式，因为一个案例的案情实际上就是一个具体的情境，就是一种范例或者经验，将案例置于教学中的不同环节，就会产生不同的教学效果，对学生法律思维的形成产生不同层次的影响，从而激发学生在学习和实践中的创造性。基于此，法学专业在组织案例教学时强调了案例教学方法的多样性和教学过程的系统性。在案例教学中，教师应根据不同目标采取不同方式：一是以辅助课堂理论教学为目的的案例分析。这种教学方式主要适用于课堂基本理论教学环节，它实际上是通过教师对案例的讲授，阐释和印证课堂教学中涉及的法学基本理论。这种教学方式具体做法是：通过让学生熟知具体的案件和实例，揭示蕴含其中的法学理论或者阐释法学理论与案件之间的内在关系，以培养学生的归纳能力和分析能力。这种教学方式的采用，有助于调动学生的思维和情绪，感悟法学理论的内涵，建构自己的法律知识体系和法学理论体系。二是以提升学生分析问题能力和表达能力为目的的案例研讨。这是在教师指导下，以学生为主体对案例进行深入研讨的教学方法。案例研讨法有助于增强学生学习的主动性和积极性，培养参与意识，提高学生独立分析和解决问题的能力，同时也有利于训练和提高学生的表达能力。案例研讨可采取小组、班级以及小组与班级相结合的方式。在研讨过程中，教师要通过引导，启迪学生发现与案例有关的各种新问题，以拓展学生的思维空间。三是以训练知识运用和问题探究能力为目的的案例情境教学。具体做法是：事先准备好典型的案例，由学生扮演案例中的角色，再现案例情境，并通过情境参与，给学生以真实、具体的情境感受，再通过教师对模拟案例进行评析以达到上述目的。在校内实践教学中，这种案例教学方式又通常是通过模拟法庭审判或者法律诊所教学等形式来进行。

（2）强化模拟法庭审判训练形式的多样性。

模拟法庭审判是通过对法庭审理现场的还原和再现，为学生设置"接近真实"的场景和过程，使学生通过参与法庭审判活动，体悟所学法律知识并同时受到法律职业能力训练的过程。在教学过程中，一般从大学二年级开始，根据课程学习的需要安排模拟法庭审判教学活动，尤其是对刑事诉讼实务、民事诉讼实务、行政诉讼实务等实务课程的教学，除要求学生参加课堂学习，还必须组织模拟法庭审判活动，并将参与程度和具体表现作为评定学生课程成绩的重要依据。在模拟法庭审判教学活动中应突出以下要求：一是遵循以学生为主体、以教师为主导、以能力训练为核心的原则，明确学生和教师在教学中的地位和不同要求。模拟法庭审判所选择的案件要有典型性，必须是具有一定社会影响或者在事实认定、法律用上存在争议的案件，而且模拟审判的过程必须严谨、规范，不能走过场。二是庭审前的准备工作必须充分，模拟过程必须严格按照规范要求进行，避免过程的表演性和随意性。模拟审判活动结束后，指导教师应当针对模拟法庭审判情况和参与庭审学生的表现情况进行总结评议，学生应当撰写和提交参与法庭审判情况总结报告。指导教师根据学生在参与模拟法庭审判中的具体表现和个人总结情况，评定学生成绩。三是做好庭审情况和案卷材料的整理和归档保存工作，为下一步的教学质量考核和学生成绩考核提供佐证。通过参与模拟法庭审判活动，学生普遍反映其分析问题能力、语言表达能力和团队协作能力均有显著提高。

尽管模拟法庭审判教学方式对于学生综合素质和能力的培养具有独特作用，但往往由于时间和空间的影响使其不可能成为一种常态化的教学方式，并且由于诉讼角色的数量限制，使一些学生失去了参与机会。基于此，在确保及时组织传统模拟法庭审判活动的同时，可以通过信息技术和多媒体技术在校内实践教学中的运用，弥补传统模拟法庭审判教学存在的时间与空间受限、受益范围小、模拟过程指导不规范等缺点。通过该系统，师生之间可以随时互动，学生可以随时组织进行线上模拟庭审，教师可以随时予以指导和对学生进行监督检查，这使该系统成为传统模拟法庭审判教学方式的有益补充。

(3) 以第二课堂推进校内实践教学活动的开展。

第二课堂是指在第一课堂之外的时间进行的与第一课堂相关的教学实践活动，是第一课堂的延伸和补充。两大课堂之间的相互影响、相互促进、扬长避短、优化整合的过程，构成了互动互补的育人机制。法学专业在学生第二课堂实践教学中，结合专业特点可以开展系列实践活动，如组织学生开展法律咨询活动，在国家宪法日等一些特殊时间节点举办多种形式的法治宣传教育活动，定期举办法律实务辩论赛、演讲比赛等。

对于法律实务辩论赛，要求采取贴近实战的方式进行，选择适当的案例，将辩论双方分为控方和辩方。辩论过程分为发表公诉意见和辩护意见、自由辩论、总结发言三个阶段，每一阶段有不同要求，如发表公诉意见和辩护意见要求做到根据基本案情，说理论法，观点明确，论证有力；自由辩论阶段要求主动进攻，攻防转换有序，能掌握主动权，观点鲜明，言之有据，有针对性，逻辑性强，即兴反驳有力，提问紧扣本案事实和适用法律，对提问能正面合理回答，反应灵活、机敏，应对冷静，善于应变；总结发言阶段要求全面归纳对方观点和论据的矛盾与差错，并作系统反驳，同时全面总结本方观点，系统论证本方观点的正确性，总结应当有新意，能起到画龙点睛的作用。在比赛过程中，一般聘请优秀检察官或者优秀律师担任辩论主持人，由校内教师和法律实务部门的优秀法官、检察官、律师等担任评委，最终由评委根据学生所表现出的辩论能力和综合能力确定学生得分。由于这种辩论活动所需要的场地条件不高、时间长短适当，因此对于法学专业一个班级的学生来讲均有参加辩论比赛的机会。

6.1.2.2 探索校外实践教学基地向校内教学的渗透机制

深化与校外实践教育基地的合作，持续推动法庭审判、检察实务、律师实务进校园活动，探索校外实践教学校内运行的新模式，使学生不离开学校，不离开课堂就能参与到实践教学中去，如充分利用法院庭审直播网实施"同步实践"教学方式，实现知识学习与实践能力培养的同步进行。同时，定期邀请审判机关开展"法庭审判进校园"活动，方便学生对真实法律实务活动的观摩和参与，使学生在亲身感受法庭审判真实情境、程序流程和庭审技巧以及法官、检察官及律师的职业风采的同时，也对法律职业人应当具备的法律职业伦理和职业素养形成更深刻的认识。

6.1.2.3 探索法律诊所教学模式

诊所教育以学生接触和承办真实案件为教学途径，运用互动式的教学方法，探索培养合格法律人才的创新之路。从国内高校开展诊所法律教育的情况来看，运行良好的法律诊所基本上是以诊所法律课程为载体，以法律援助中心或者律师事务所为依托，以学生接触和承办真实案件为手段，以培养学生法律职业素养和职业道德为目标。

模拟法律诊所教学模式主要通过筛选真实的案件，从中确定出典型的案件，进行模拟性的法律实践活动。在筛选案件时应当注意以下两点：一是案件是否具有法律上的特定意义，即是否具有通过模拟可以从案件的运用及分析中获得相关法律知识的效果；二是是否适合进行诊所式教学活动，案件本身不宜太难，但也不能太容易。这种模拟既可以是与该案件相关的法律实务问题的全部，也可以是其中的某一部分，比如，如果是诉讼案件，可以选择诉讼过程中的某个环节，如法庭开庭审理，或者庭前准备环节，或者法庭辩论环节等，对非诉讼案件可选择法律谈判、法律文书起草等。在模拟训练中，指导教师和学生根据需要均应"扮演"特定的角色。从会见当事人、法律咨询事实陈述、事实调查、法律分析、刑事案件辩护与代理询问证人技巧、诉状写作和辩护词、代理词写作等方面对学生进行法律技能的系统训练。模拟法律诊所式教学模式可以避免真实诊中所出现的风险和不可预见的问题。同时，对于学生而言，这种教学模式也不会产生在真实诊所中所存在的紧张感。

鉴于学生无法单独受理案件和参与诉讼存在一定风险的现实，法律诊所教学所涉及的案件主要来自校内从事兼职律师业务的教师和校外实践教育基地教师在从事律师业务过程中所办理的案件。指导教师在承接案件之后，根据诉讼的需要应当将诊所学生分成不同的小组，如原告及代理人组、被告及代理人组，由指导教师提出案件诉讼所需要解决的问题，要求学生从各自诉讼地位出发，根据案件材料，提出相应的法律意见，并制作相关的法律文书。然后，再由指导教师对学生提出的法律意见以及所起草的法律文书进行审阅，提出修改意见，并将完善之后的法律意见、法律文书运用于指导教师承办的案件诉讼实务中。在上述诊所教学中，学生实际上充当了指导教师的助手。客观讲，由于合适案件的有限性，学生参与真实诉讼实务活动的机会还是比较少，更多的是进行法律咨询和起草法律文书的业务。为了有效解决上述问题，学校应该与校外实习机构开展深度合作，这样不仅可以解决诊所教学中案源不足的问题，同时还可使更多的优秀律师投身到法律诊所教育中，确保学生能够得到高水平指导教师的指导。

6.1.2.4 加强校内实践教学保障机制建设

（1）强化高素质的指导教师队伍建设。

从目前来看，缺乏优秀指导教师是制约校内实践教学有效开展的一个重要因素。为此，笔者建议，通过"走出去"和"请进来"的方式建设双师型师资团队，确保校内实践教学指导教师的高水平。一是通过与法律实务部门建立密切联系，采取挂职的方式，使校内教师轮流到法律实务部门挂职锻炼，提高校内教师的法律实践能力；二是将优秀法官、检察官、律师等作为兼职教师引入校内实践教学中，通过开设实务专题讲座，指导法律文书写作，开展法律实务辩论、模拟法庭审判等法律职业能力训练活动以及承担法律实务性课程的讲授等方式提高校内实践教学水平；三是加强兼职教师信息库建设，对兼职教师按专业特长进行分类，及时收集和更新信息，建立兼职教师队伍的动态管理机制，确保兼职教师队伍的稳定和质量。

（2）完善案例教学保障机制。

一是要重视案例信息建设。在购置大量纸质案例以及通过向法律实务部门和从中国裁判文书网收集建设规范、系统的教学案例库的同时，还可以与实务部门合作建立包括诉讼实务流程影像资料、数字化诉讼卷宗资料、大案要案影像资料等在内的数字化信息平台。

二是应当加强案例教材和实务教材建设。可以组织校内教师和校外实践教育基地的优秀实务专家共同编写出版高等院校法律实务系列教材，使法学专业每门核心课程均有案例教材或者实务教材与规划教材相配套，形成完整的教材体系，以教材的互补促进来保障理论教学与实践教学的互动互融互补。

（3）健全校内实践教学活动质量监控机制和考核办法。

校内实践教学不同于传统的课堂理论教学，需要通过考查学生实践能力的强弱来评判学生的学习效果。因此，确立科学的教学质量监控机制和考核办法是保障校内实践教学目的达成的必然要求。一是应当健全校内实践教学质量监管体系。除学校监管体系外，在学院层面，要明确分管教学副院长、指导教师、教学督导在校内实践教学中各自的职责。二是要规范校内实践教学的运行过程。首先，通过制订校内实践教学实施方案，明确校内实践教学的目标，院长审批后方可实施。校内实践教学活动结束后，指导教师还应当撰写教学开展情况总结报告并接受学院的评估。其次，通过组织学院教学督导和专家对教学方案实施情况进行检查等方式实现对校内践学活动的过程监控。三是应当根据教学督导、专家学生对教学情况的反馈意见和建议，并结合指导教师校内实践教学实施方案，以及教学活动开展情况总结报告对教学效果进行评价，并将评价结果及时反馈给指导教师，确保指导教师对不足环节进行及时改进。

由于校内实践教学活动具有教学方法多样性和学生参与分散性的特点，对校内实践教学中学生学习成绩的考核，可以突出以下要求：一是在考核的环节上，采取过程考核和结果考核相结合，以过程考核为主的考核思路；二是考核依据要做到规范科学。根据学生在校内实践教学中的综合表现确定考核成绩，尤其突出对学生实践能力、综合运用所学知识解决实际问题能力和创新意识的考核，如模拟法庭审判教学活动中重点考核学生在庭前准备、庭审活动的组织、证据分析、法律规范的理解与适用、语言及文字表述、团队合作等方面的表现和个人对参与模拟法庭审判的书面总结等。

6.1.2.5 改进校外实践教学的对策

(1) 校外实习活动的组织与改进。

在专业实习的组织上，一般应成立由学院主管教学的副院长和主管学生工作的副书记任组长，指导教师代表为成员的毕业实习工作小组，负责实施毕业实习工作。其中，学院负责实践教学基地的签约与建设，制定毕业实习的管理办法，组织实习教学检查，以及协调处理实习教学中出现的重要问题，审核汇总实习计划及其有关材料，总结交流毕业实习工作经验等。

①应当明确法学专业实习的目标定位。明确的目标，可以为专业实习指明方向，避免实习的盲目性，同时也是对实习效果进行评估的重要依据。一般将法学专业学生专业实习的目标确定为：一是适应培养应用型、复合型卓越法治人才的要求，探索新的更具实效性的专业实习的途径和方式；二是通过实习进一步强化学生对所学法学理论知识和法律规则的认知，培养和锻炼学生分析问题和运用法律解决实际问题的能力；三是帮助学生掌握法律实践中经常使用的方法和技巧，使学生就业后能够快速适应工作要求。

②在传统领域的基础上，应当拓宽法学实践教育基地的业务领域和地域空间，增加学生实习的法律实务单位。为了适应培养优秀法治人才的要求，达到通过实践教学提高学生的综合素质和专业素质的目的，在业务领域方面，应当增加政府部门、立法机关和企业的法律事务内容的实习。

③建立和完善法学专业实习的规范体系。一是要求必须制订周密的毕业实习的教学计划和明确实习的内容。其中要求所有学生必须参加毕业实习教学环节。毕业实习必须严格按照人才培养方案和实习大纲的要求进行，并不断充实实习内容，保证实习质量。毕业实习教学大纲和实施计划由学院根据各专业教学计划和学校有关教学实习的规定制定。其中，法学专业实习学生应当依托实习单位开展立法、行政执法、侦查、检察、审判、代理与辩护以及其他诉讼和非诉讼实务。二是毕业实习应统一安排在与学院签署实践教学基地协议的单位和地点进行。实习学生可以在学院提供的实习单位名单范围内，根据自己的专业特点和实践兴趣作出选择，学

院应本着尊重意愿、专业对口、相对稳定的原则，并结合实习单位的实际情况，作出合理安排。三是实习学生要接受学院选派的指导教师和实习单位指导老师的共同指导。学院选派的毕业实习指导教师应完成下列职责：根据学院毕业实习进度安排，与实习单位的指导教师取得联系，落实每个学生的实习岗位；实习开始前，向实习学生做总体实习指导，对学生进行工作态度、实习纪律、实习技能等方面的教育；毕业实习期间，应适时向实习单位的指导教师了解实习学生的实习表现，进行实习检查，同时，确保与实习学生的通信联系畅通，随时了解学生的实习情况，并提出指导意见；及时将检查指导情况作记录，及时向学院毕业实习工作领导小组书面汇报实习检查指导情况，负责学生实习成绩的评定；学院毕业实习工作小组应通过不定期检查，掌握学生实习动态和情况。四是明确毕业实习纪律。学校应要求实习学生遵守实习单位和学校的各项纪律制度，不得旷工、迟到、早退。因特殊事宜不能继续实习的，实习学生必须向实习单位和指导教师请假；实习学生应遵守国家法律法规，遵守各项职业道德规范；实习学生应遵守各项文明规范，尊重实习单位的领导、导师和其他工作人员，树立和保持大学学生的良好形象。五是要求学生必须撰写毕业实习报告。学生在毕业实习中，应结合所学的理论知识，较熟练地掌握实际工作部门的业务，并进行一些必要的调查研究，积累一定的资料，完成毕业实习工作周记、毕业实习工作总结，夯实所学的专业知识；学生实习结束后，由实习单位就学生的实习情况做出评定，给予实习单位意见并加盖单位公章；学生完成毕业实习后，应向学院指导教师提交毕业实习周记、毕业实习总结、毕业实习单位的鉴定意见。六是规范毕业实习成绩考核依据方式。毕业实习成绩评定的基本依据包括实习单位的评定意见、毕业实习总结、毕业实习周记。学生实习结束回校后一周内将上述材料提交指导教师，由指导教师对学生在整个毕业实习期间的政治思想、专业能力、学术水平等方面进行综合考核，作出成绩评定。

（2）校外观摩教学的多样性。

校外观摩教学活动是组织学生赴法院等法律实务部门就特定法律事务活动所进行的现场体悟、考察、交流的一种灵活性的实践教学方式。校外观摩教学活动的开展主要基于两个目的：一是使学生对法律职业以及法律实务部门的性质、职责等进行初步了解，使学生认识到自己作为一名未来的"法治人才"所要肩负的使命，从而增强对法学专业的热爱。这种观摩一般是作为新生入学教育的一部分安排在学生入学后不久进行，主要是分批次组织学生到法律实务部门观摩学习，通过与优秀法官、检察官、律师等座谈或者参观法庭、律师事务所、犯罪预防警示教育基地以及观摩案件庭审等，使学生亲身感悟法律职业文化的魅力和法律职业的神圣，增强学生对法律职业的向往和热爱。二是就具体课程中涉及的实务问题，通过观摩能够对相关问题进行直观的体验和感悟，从而真正理解和掌握相关知识。这一方式主要以法庭审判观摩为主，通过法庭审判观摩使学生加深对所学法学知识的理解和把握。从校外实践教学实践来看，除进行传统的法庭审判观摩以外，可供学生进行观摩的法律事务资源越来越多，如组织学生赴律师事务所就律师案件讨论进行过程观摩，以及社区矫正工作观摩、仲裁活动观摩等。

6.2 法学师资队伍建设

6.2.1 我国法学教育师资队伍建设有待完善

大学是培养高层次人才的摇篮，但如果没有高水平的教师队伍，就不可能建成高水平的大学。在国家统筹推进一流大学建设和一流学科建设的时期，建设一流师资队伍将成为"双一流"建设进程中的首要任务和关键环节。但是，综观我国大学法学专业师资队伍建设的总体情况，有以下五个方面待完善。

6.2.1.1 师资队伍的结构尚需进一步优化

近些年来，我国大学法学专业教师规模不断扩大，教师队伍的学历结构、职称结构、学缘结构等都得到了显著改善，基本适应了高等教育快速发展的需要。但是，高等法学教育的未来发展对大学法学专业的师资队伍建设提出了更高要求。大学法学专业教师队伍存在的问题有：①具有硕士以上学位的教师所占比例偏低，教师队伍的整体学历层次需要进一步提高；②"近亲繁殖"的现象还普遍存在，教师队伍的学缘结构需要不断改善；③教师队伍逐渐趋于年轻化，使整个教师队伍更加充满活力，给教学科研工作输入了新鲜血液，同时，也为教师队伍的管理、教育教学质量的提高、教师队伍建设的可持续发展等带来了新挑战。因此，在持续推进师资队伍规模稳步增长的同时，进一步优化高校法学专业师资队伍结构的任务更加突出和艰巨。

6.2.1.2 教师的聘用和管理机制亟须改革完善

由于教师的聘用和管理机制不健全，不同地区之间、不同高校之间人才的恶性竞争和无序流动的现象依然比较普遍，特别是被授予了高层次人才称号的中青年人才，更是成为许多大学法学院争抢的"香饽饽"，包括已经退休的相关学科领域的著名法学专家学者也争相被有关高校高薪聘请，继续为法学学科建设、团队建设等发挥余热。可以预见，随着国家高等教育"双一流"建设的实施，新一轮的高层次人才激烈竞争已经拉开大幕，随之相伴的必然是大规模的资金投放和工作条件的配套建设。因此，加快推进包括法学院校在内的大学人事制度改革，进一步理顺大学和教师队伍之间权责利配置关系，规范高层次人才流动的行为和秩序，已经成为摆在各级政府和高等法学院校面前的重要课题。

6.2.1.3 教师的创新能力有待进一步培养与提高

大学法学专业教师队伍的整体素质伴随新老交替和学历结构、学缘结构的持续优化等，已经实现根本性改观。但是，距离复合型、职业型、创新型法治人才培养对广大教师的创新能力提出的客观要求，还存在较大差距。当前，我国正致力于建设创新型国家，在我国经济社会未来发展的进程中迫切需要培养一大批具有创新精神和创新能力的法治人才，对此，高等法学教育和大学法学院校责无旁贷。"建设创新型国家关键在于创新型人才，创新型人才关键在于创新型教育，创新型教育关键在于创新型教师"。这就要求以人才培养为使命的大学必须建设一支具有创新意识与创新能力的师资队伍，为培养具有创新精神和创新能力的高层次人才提供智力支撑。卓越法治人才的培养，有赖于一支年富力强、业务精湛、富有合作与创新精神的高水平师资团队。不容乐观的是，当前大学法学专业教师群体中有部分教师存在功利性、继受性研究的情况，从事原创性和创新性研究的比例有待提高。因此，在大学法学专业师资队伍的建设过程中，在继续推进提升学历层次、丰富学术背景、增加知识等方面工作的同时，应该更加重视探索多元化的培养途径，以引导和支持广大教师牢固树立创新发展理念，快速提高创新发展能力。

6.2.1.4 教师的师德建设亟须进一步加强

长期以来，在党和国家的教育方针指引下，大学法学院校十分重视师德建设，师德建设工作常抓不懈，水平不断提高，涌现了许多先进典范。

与此同时，高校教师队伍中"师德失范"的现象还时有发生，引发了广大社会公众的高度关注。在培育德才兼备的优秀法治人才的过程中，大学法学专业教师的道德素养和行为风尚起着引领示范、润物无声的重要作用。因此，在新形势下，高等法学院校必须创新师德建设的理念、内容和途径，必须坚持教师师德建设常抓不懈、警钟长鸣，必须强化过程管理、严肃责任追究、注重建设实效。

6.2.1.5　教师的国际交流与合作能力需要提升

随着经济全球化的发展，高等教育在国际交流与合作中得到进一步加强，不同国家之间的合作研究、信息交流、人员往来日益增多，正在发展成为国际交流与合作中的一道亮丽风景。高等教育国际化程度的提高既有助于缩小国与国之间、地区与地区之间在教育科技方面的差距，增进民族与民族之间的相互了解，也成为保证高等教育质量必不可少的条件。高等法学教育国际化程度的不断提高，对高校法学专业教师的国际交流与合作能力提出了更高要求，这就需要广大高校法学专业教师树立开放发展理念，通过出国攻读学位、出国访学、参加国际学术会议等多种形式，搭建起国内外高等院校之间开展人员、学术和文化交流的桥梁，编织好促进不同国家高等法学院校间开展交流与合作的纽带，推动和提升高等法学院校国际化办学水平，不断培养具有国际视野的高层次法学学科人才。

6.2.2　卓越法治人才培养对法学专业教师的素质要求

6.2.2.1　法学专业教师必须具有较高的职业道德修养

我国的法学教育肩负着培养德才兼备，具有扎实的专业理论、熟练的职业技能和合理的知识结构，具备依法执政、科学立法、依法行政、公正司法、高效高质量法律服务能力与创新创业能力的复合型、应用型、创新型法治人才的使命。法学专业教师的思想政治素质和职业道德水平，直接关系法学教育事业的成败。加强法学专业教师师德师风建设，提高法学专业教师的职业道德素养，对于全面提高法学教育质量，办人民满意的法学教育，培养优秀法治人才，具有十分重要的意义。

法治职业所需要的职业操守和职业伦理，不但要求法治人才要具有尊崇宪法、尊崇法律、坚持法律至上、维护法律权威的规则伦理，而且要具有坚持公平正义、维护公共利益、保护社会弱势群体的社会伦理，更要具有敢于同违法犯罪进行斗争、惩恶扬善、勇于担当的责任伦理，这些职业伦理规范约束着法治人才在从事立法、执法、司法和法律服务的过程中，能够始终与良善为伍、与正义为伴。德乃才之帅，优秀的法治人才必须德法兼修、德才兼备，这是党的十九大报告对社会主义法治人才的明确要求。当然，无论是法学知识和法律职业技能的培养，还是法治职业道德的传承，都依赖法学教育和法学教师的职业素养。可见，法学教育培养的不仅是只掌握了法学知识和职业技能的"技术人才"，还应当是全面发展的复合型人才，是德与法兼修的法治人才。因此，在法学教育中必须注重学生品德的养成，用正面教育来引导学生、感化学生、激励学生，要突出"德"在培育法治人才中的分量。中国历来都讲究以德服人，德行好的人会被众人所敬仰，若德行不好，纵使才能再出众也不会有所建树，这足见德对于一个人的影响至关重要。在法治人才培养中，要做到立德树人、德法兼修，这对高校法学专业教师的道德素养和行为风尚起着关键作用。道德素养作为教师的根基，是每一位教师真正践行教育使命的核心品质。教师应该是以德施教、以德立身的楷模，因为学生的成长需要"引路人"引好路，"系扣人"系好扣。因此，教师要勇于承担立德树人这一神圣职责，既要教书更要育人，用自己的学识、阅历、经验点燃学生对真善美的向往。教师具有的良好职业道德素养能够对学生道德素养的培养和建立产生重要影响，对于学生树立正确的人生观、世界观也会产生积极影响。作为一个法学专业的学生，只有在正确的人生观、世界观的引领下，才能够主动承担起自己的历史使命和社会责任，才能够通过积极的努力促进自身的全面发展，成为合格的中国特色社会主义建设者和接班人，成为德法兼修的优秀法治人才。基于上述需要，法学院校必须加强教师的师德建设，健全师德建设长效机制，推动师德建设常态化、长效化，创新师德教育，完善师德规范，引导广大教师以德立身、以德立学、以德施教、以德育德，坚持教书与育人相统一、言传与身教相统一、潜心问道与关注社会相统一、学术自由与学术规范相统一，争做"四有"好教师，充当学生锤炼品格、学习知识、创新思维、奉献祖国的引路人。

6.2.2.2 法学专业教师必须具有较高的学术素养和法律实务经验

法学是一门社会科学，法治人才都是社会的实践者。所以法学教育必须体现实践性，法学专业教师必须具有将理论与实践充分结合的能力，但也绝不能因为法律的实践性就低估了理论的意义。理论与实践在法律生活和法学教育中应始终保持良性互动，具体表现为理论指导实践，实践供应理论的素材；实践推动理论的活化和发展，理论保证实践的理性和方向。理论是人们对认识到的现实状况及其规律的高度概括和总结，它注重系统性和反思性。理论并不是单纯的对于现实的重述，它是对现实所呈现的规律或者理想的阐释，因而理论对于实践具有观察、反思、批判和指引的作用。如果认为理论仅仅是现实的简单回放，那无疑是没有理解人类理性的地位和理论的功能。现实只有经过理论的纯化、梳理和升华之后，才能够更有效地进入教育体系，才会更有利于将学生培养成为卓越法治人才，而不仅仅是了解纷繁复杂的客观世界。基于此，卓越法治人才的教育培养需要不断对立法、执法、司法、守法等各个领域的法律实践在理论层面进行深化，而不能仅仅是对于现实的理解和追随。这同时要求从事法学教育的高校教师一方面必须具有扎实的法学理论功底和较高的法学学术素养，另一方面必须具有一定的法律实务经验。可以说，我国高等法学教育经过多年的发展，培养了一大批高水平的法学学术型人才，为高等法学教育高水平师资队伍建设奠定了坚实的基础。但同时也应看到，高校法学专业大部分教师的法律实务经验还是比较欠缺的，现有法学专业教师一般是从高校硕士、博士毕业生中招聘而来，他们从高校的学生到高校的法学教师，很少专门参加社会的法律实践。法学院校在引进教师时重学历，轻能力；重学术能力，轻实践能力；在考核中，重教学实践能力的考核，轻专业实践能力的考核。而教师实践能力的核心是专业实践能力。如今的法科教师队伍中，具有丰富实践经历和科研经验的"双结合人才"少之又少，个别实践能力强的教师由于得不到重视，流向了实务部门，如做专职律师等，造成了实践能力强的教师流失。由于缺乏具有法律实务经验的教师，在一定程度上也影响了学生法律实务能力的提升。从目前来看，解决上述问题的途径，一方面，切实发挥政府部门、法院、检察院、律师事务所、企业等在法治人才培养中的作用，健全法学院校和法治实务部门双向交流机制，选聘法治实务部门专家到高校任教，选聘高校法学骨干教师到法治实务部门挂职锻炼。另一方面，在法学院校探索设立实务教师岗位，吸收法治实务部门专家参与人才培养方案制定、课程体系设计、教材编写、专业教学，不断提升协同育人效果。

6.2.2.3 法学专业教师必须具有一定的国际视野

当今世界正经历百年未有之大变局，全球治理体系和国际秩序变革加速推进。随着我国综合国力的不断增强，我国在全球治理体系中的国际影响力也大幅度提高，近年来，从"一带一路"倡议的提出，到构建合作共赢的新型国际关系，从建立亚洲基础设施投资银行，到参与解决各类重大国际问题，中国在世界舞台上扮演着越来越重要的角色。与此同时，我国涉外法治建设面临许多挑战，例如，国际规则和新型国际关系的不适应，国际法治改革和国际秩序重构，在国际领域，有些国家和国际组织利用国际法律规则对我国采取限制；在经济领域，有些国家和国际组织对我国国际贸易采用反倾销、反补贴和贸易保障措施，限制我国出口；在海洋权益方面，有些国家和国际组织企图用法律和争端解决机制对我国主权、安全和发展利益造成威胁和影响。中国不能仅仅作为国际规则的接受者和适应者，而需要积极参与全球治理，做国际规则的维护者和建设者，提升国际事务的话语权。不论是国家利益，还是公民和企业在对外交往中的权利，都需要我们运用国际法规则等手段来维护，积极发挥中国在世界舞台上的影响力。因此，我国亟须培养一批放眼世界、胸怀祖国、知识丰富、业务精良的涉外法治人才，而涉外法治人才的培养离不开高水平的教师队伍，建设一支政治立场坚定、理论功底深厚、熟悉中国国情的高水平涉外法学师资队伍是培养涉外法治人才的重要保障。专业教师是涉外法治人才培养方案的具体执行者，教师专业水平的高低在很大程度上影响涉外法治人才培养方案的贯彻程度，也直接影响培养对象所接受的知识和对涉外法律工作的认识。因此，作为承担涉外法治人才培养的教师在知识结构上必须满足涉外法治人才培养的要求，必须有扎实的国内法、国际法和外国法的专业知识。另外，专业教师还应该具备用一种外语教学的能力。为保障教师队伍的稳定性，教师队伍可以由专职教师、兼职教师和特邀教师组成，形成一种有效的补充机制。在健全教师队伍管理机制的同时，应该注意完善对涉外法治教师的激励制度，如对平时工作贡献的奖励，平时奖励可以根据日常的考核和工作绩效进行，包括教学方法创新、教学工作取得重大进步、发表相关科研成果等；根据岗位职责、工作业绩和实际贡献等设定合理的工资福利和社会保险；营造公平的竞争环境，保障教师的岗位和职称评审，形成正常的"优胜劣汰"机制，保持教师队伍的高质量；为教师创造出国交流经验、进修等机会，并提供相应的经费保障。

6.3 法学教育中法律信仰的培养

6.3.1 法律信仰在法学教育培养目标中的地位

法学教育在建设社会主义法治国家中具有基础性和先导性的战略地位，法学教育的程度在一定意义上已成为衡量社会文明进程和法治建设进程的重要标志。从传统上来看，我国法学教育的核心放在了培育学生对于主要的实体法、程序法具备全面的知识，以及进行法律解释与适用的能力上。一般认为这些知识和能力应足以胜任法院的民商事、刑事、行政审判的基本工作，将来经过短期学习即可胜任全部类型的审判工作。这实际上是一种以训练法官能力为主、忽视立法人才培养的法学教育方式，其显然已经不适合当下我国法治人才培养的现实要求。中共中央办公厅、国务院办公厅印发的《关于完善国家统一法律职业资格考试制度的意见》提出："法律职业人员是指具有共同的政治素质、业务能力、职业伦理和从业资格要求，专门从事立法、执法、司法、法律服务和法学教育研究等工作的职业群体。担任法官、检察官、律师、公证员、法律顾问、仲裁员（法律类）及政府部门中从事行政处罚决定审核、行政复议、行政裁决的人员，应当取得国家统一法律职业资格。国家鼓励从事法律法规起草的立法工作者、其他行政执法人员法学教育研究工作者，参加国家统一法律职业资格考试，取得职业资格。"因此，法治人才应当包括立法、执法、司法、法律服务、法学教学研究等各类人才。特别是立法人才，即在各级人大或者政府的法治工作部门，负责起草、修改规范性法律文件的工作人员，更应被列入法治人才的范围。通过高等法学教育培养法治人才的法律信仰，既是法治人才培养的必要环节，也是保障法治人才培养质量的重要举措。高等法学教育作为培养法治人才的专门教育，承担了这一历史的重任。可以说，法治国家建设在很大程度上取决于法学教育的成果。因此，我国高等法学教育必须重新审视法学教育的目标和任务，为社会培养优秀的法治人才，并通过法治实践将法律信仰传递给社会公众，使法律信仰在人们心中长久生根，使民族精神得到弘扬。正如卢梭所言："一切法律之中最重要的法律，既不是铭刻在大理石上，也不是铭刻在铜表上，而是铭刻在公民的内心里，它形成了国家的真正宪法，它每天都在获得新的力量，它可以保持一个民族的精神。"

6.3.2 法学教育中培养法律信仰的途径

法律信仰不可能自发形成，法科学生法律信仰的树立需要经过法学教育的积极引导和培育。因此，如何引导法科学生树立法律信仰成为法科教育根本性问题和关键所在。法律信仰的树立离不开法治实践，因此，法学教育中培养法科学生的法律信仰也必须立足于法治实践，通过各种教学方式的运用以及实践教学环节的开展增强学生对法律的认知，激发其法律情感，达到对法律精神的正确领悟和对法律价值的正确评价，从而形成法律信仰。可见，法律价值体验是培养法律信仰的重要途径。在法学教育中，必须依托法治实践，使学生能够主动体验和认同法律的价值。体验实际上就是亲身经历，体验作为一种认识方式是以实践认知为基础，通过发挥主体自身的主观能动性，运用自己的知识，综合分析认识对象，从而把握认识对象的实质。法律价值体验的对象是法律及其价值，由于法律制定的人为性和主体认识的差异性，人们对法律价值的体验结果多数情况下是不相同的，这实际上也反映出法律价值的体验过程是极为复杂的。主体在法律价值体验完成后，应当形成相关的法律价值理念，如正义、秩序、自由、效率等，法的根本目的在于正义的实现。追求法律制度正义与追求执法、司法程序正义始终是法的正义价值取向。正义包含有自由、平等等基本要求，人们对这些要求的承认与否构成了基本的正义观念。秩序则是法的另外一种重要价值，秩序实际上是一种社会环境状态，是一种有序而不混乱的状态，表现了社会公众对社会安全的一种向往。人们只有在认识到法律的这些价值后，才有可能信任法律，忠于和遵守法律，并最终形成对法律的信仰。

法律价值体验过程可分为实践过程和认识过程，包括法治实践、法律认知、法律情感和法律价值评价等环节。法律情感和法律价值评价是形成法律信仰最重要的心理基础。法治实践是主体制定和适用法律的过程，包括立法实践、执法实践、司法实践等。主体的法律价值体验离不开法治实践，从法治实践的形式来看，既有直接的法治实践，也有间接的法治实践，其中，直接参与立法、执法、司法，直接运用法律行使各种权利、履行相关义务，直接对法治实践活动的相关环节进行监督等属于直接的法治实践；通过学习，了解立法、执法、司法、守法等法律实践状况属于间接法治实践。在我国的高等法学教育中，除了安排毕业实习，开展一些旁听案件审理及参观观摩外，法科学生总体来看真正接触法治实践的机会相对而言并不太多。在课堂上教师讲授的多是法学的基础知识、基本原理和法律的具体条文规定，学生不能很好地把握法治实践的发展动态。因此，学生对法律的理解停留于形式，对法律价值的实践体验较少，不能真正理解法律所体现的正义、秩序等基本价值的深刻内涵，最终难以形成对法律的信仰。当前，我国社会正处于各方面高速发展的时期，各种利益诉求相互交织、相互作用于社会生活的方方面面。而法学理论与法治实践的矛盾对我国法科学生法律信仰的培育产生了重要的影响。一方面，法治实践在一定程度上超出了法学理论教育的界限，导致法学理论教育无法为动态发展的法治实践提供理论供给；另一方面，法治实践的复杂性同样导致法学理论教育呈现碎片化的研究弊端，使之无法与中国法治进程中的法律实践相契合。但法律信仰问题，从来都不是一个单纯理论或实践的问题。此外，真正的法律信仰包含法治实践的内容。法律信仰不仅是内心存在对法律的深刻了解、认同和依赖，同时也在外在的行为上表现出对法律的自觉遵守与服从。由于我国当前高等法学教育对法治实践的重视度不够，法科学生在对法律的学习上更看重理论的学习，导致部分学生在真正进入社会，面对实际问题时，缺乏准确运用所学法律知识的能力，比如，在实际案例的分析中无法准确对应相关法律法规内容，对待实际问题不会运用法律思维进行分析，难以对相关法律问题和观点进行有逻辑、有次序的表述等。这些现象的出现都在一定程度上表明当前我国部分法科学生欠缺法学理论知识的运用能力，往往是处于把法学知识和法学理论的学习停留在头脑里的状态，无法在实际生活中外化、应用所学知识。仅用理论知识的教育来说服学生认同法律、信仰法律是很难实现的。纯粹的理论教学无法在学生内心形成对法律的真正信仰，唯一的办法就是在不断的实践中检验所学法学理论的真实性与可靠性，通过运用法律来增强学生对法律的神圣体验感、坚定学生的法律信仰意志，才能保证学生形成真正的法律信仰。

　　法律认知是指认知主体对法律及其相关现象进行信息加工的心理过程。主体形成法律认知的原因多种多样，不同的原因将会导致不同的认知结果，成为信仰的认知必定存在于人们的内心中，这种认知和良知并存，从某种意义上讲，它已经突破了法律条文本身所表达的意思，认识到了条文背后的法律价值，即公平正义的属性。由于法科学生所受的法律教育相对于其他公民来说，综合而具体，深入而全面，因此，他们对法律的认知程度较高，更容易体验到法律的价值。当然，这种体验也需要指引才能实现，所以法学教育的任务就是为法科学生提供更多参与法治实践的机会，把专业学习与法治实践有机结合起来，促使学生形成对法律更深层次的认知。

  主体经过法治实践和法律认知后，会强烈感受到法律和社会生活的紧密联系，认识到法律的重要作用，进而形成对法律的强烈需求和对法治精神、法律价值的向往和尊崇，这种向往和尊崇实际上就是法律情感。情感是人类心理活动的重要组成部分，也是一种复杂的心理现象。它是人对客观事物的主体性反映，是主体对客观世界积极投射的结果，是人内心世界的外化。"人的心灵不仅易于感受同情的兴奋，它也深深地渴望把自己的情感交流给其他的心灵，并得到他们对于这些情感的反映。当我们高兴或痛苦时，我们渴望人们都表现出我们的快乐或悲痛；当我们在爱与恨、在崇敬或轻蔑的时候，我们努力地传播我们的情感，而在周围人们的情感与我们不同的时候，我们就觉得痛苦。"对法律的需求是信任法律的表现，也是激发人信仰法律的最基本因素。同时，主体对法律的需求感增加了，法律的价值也就越来越能够得以有效彰显，法律在社会生活中的地位也就越来越高，其权威性从而会不断得到强化。法律价值体验不是一种本能的适应活动，而是必须以一定的法律认知为基础。法律认知能否完成则受法律情感的影响。这种影响可能是积极的，即法律情感积极地影响人的法律认知；也可能是消极的，即法律情感阻碍法律认知，特别是不良的法律情感促成的消极心理定式，会成为法律价值体验中的障碍因素。因此，一个国家要实现法治，就必须培养公民特别是法治人才的正确法律情感。况且，在法律价值的体验过程中，法律本身的要素也"赋予法律价值以神圣性，并且因此而强化了民众的法律情感：权利与义务的观念，公正审判的要求，对适用法律前后矛盾的反感，受平等对待的期望，忠实于法律的强烈情感及其相关物，对于非法行为的痛恨，等等"。正是因为这些法律情感的滋养，法科学生才有可能形成对法律价值的认同和对法律的信仰。

  同时，还应看到，在法律信仰的形成过程中，法律评价和法律价值评价实际上也发挥着重要作用。法律评价和法律价值评价是两个联系密切却并不完全相同的概念。一般而言，法律评价较为宏观也较为客观，它是主体对国家的法律制度是否能够保障社会主体的正当合法的权利，是否能够实现社会正义,是否能够有效维护社会秩序,以及是否有利于社会生产力的发展和社会文明的进步所作出的判断,法律评价是形成法律信仰的必要条件。法律价值评价是主体完全以自身的法律需求为根据,对法律满足其需求状况进行心理或行为的评判验证活动。自身需求是否得到满足是主体进行法律价值评价时的主要参考依据。法律价值评价往往表现出强烈的实用性、功利性和目的性特征。评价活动深受情感的影响,带有明显的情绪体验性质,表现出对法律价值的好恶倾向以及肯定或否定态度。法律价值评价和法律信仰并无必然联系,这是由于主体的需求因人而异,但法律价值并不旨在满足单个社会个体的需求,这就造成了主体对法律价值的评价不同。在这些法律价值评价中,有些是正确的,顺应了社会发展的要求;有些是错误的,仅仅是主体主观需求是否得到满足的反馈。因此,理性化是对法律价值评价的总体要求和目标。法律价值评价的理性化,就是法律价值评价的科学化,使法律价值评价和法律价值尽可能地趋于一致。法治人才法律价值评价的理性化对于法治建设具有重要意义。其原因在于:对法律价值的科学总结是实现法治的重要条件,法律价值本身回答了法律制度的正当性、合理性问题,是法律具有权威性的基础,当然也使法治得到社会公众的拥护和认可。因此,法治的实现需要人们对法律价值的科学认知。

6.3.3 法学教育中培养法律信仰的方法

虽然法律价值体验的最终环节和目的是用理性思维形成理性判断和认识,其过程却需要实践的积累。因此,在高等法学教育中,法律价值体验必须通过一定的教学方法来实施,通过多种教学手段的运用使学生切身领会法律的价值,增强对法律的情感认同,形成对法律的信仰。

6.3.3.1 加强实践教学环节

我国法学教育长期以来普遍存在重理论、轻实务的问题,正是由于知识教学与实践教学之间的割裂和鸿沟,使实践教学课程的安排几乎在很大程度上独立于知识教学之外,甚至知识教学与实践教学的内容完全不一致,没有真正实现知识教学与实践教学"相辅相成"的良性结合。学生法治能力的培养,既是对法学技能的培养,也是对法治理念的培养。法治理念虽然主要在知识学习中养成,但缺乏实践的熏陶和冶炼,只能是空洞的法学口号。同理,法学技能的培养也离不开知识学习中理论的积淀和理念的养成，缺乏法治思想和法治思维的实践技能，只能是按部就班地被动性工作，学生只能成为单纯"以法为器"的"法匠"，而不可能成为法治人才。因此，只有知识教学和实践教学交互式、贯通式地开展，才能使学生养成真正立足于本国国情、民情、法情的法治意识，才能使学生具备运用本国法律解决本国问题的能力。由于实践教学的不足，学校难以为学生提供法律价值的体验机会，这显然不利于法学法律信仰的培养。

习近平总书记在考察中国政法大学时强调："法学学科是实践性很强的学科，法学教育要处理好知识教学和实践教学的关系。"因此，在法治人才培养中必须加强实践教学环节，将实践教学贯穿法治人才培养的始终，这不仅是培养法治人才专业素养的要求，也是培养其法律信仰的基本方法。法律信仰的培养需要主体亲历法治实践的具体环节，在参与法治实践的过程中体验法律的价值。实践性教学环节有助于学生熟悉法治实践的意义和体会各种法律仪式的神圣。但这种仪式化的重要性，在司法实践中却很容易被人们忽略。在许多国家的法学教育中，为了保障实践教学的开展，学校开设了大量的实践性课程。也许学校的本意不是培养学生的法律信仰，但却在效果上达到了这一点。从我国法学教育的实践来看，针对实践教学不足、实践教学效果不强的现实，应当重点加强以下环节：一是重视课堂实践教学的开展。课堂实践教学环节主要是教师通过对教学方法和教学内容的改革，使课堂成为实践教学的平台，教学方法由传统的讲授式、传授式向研究式转变。同时，在教学方法上为了弥补概念化、抽象化和机械化的中国传统法学教育体系的不足，教师应在授课过程中更多地引入问题教学、案例教学、研讨式教学等教学方法。其中，研讨式教学模式以问题为中心，以研究讨论方式展开教学，这与源于哈佛大学的案例教学方法不谋而合，它们均是采用主动性、反思性的学习方式。因此，将研讨式教学与案例教学结合起来，有利于发挥学生的能动性，解决法学教育中理论和实践脱节的问题。传统注重基础知识和基础理论的讲授方法虽然可以造就学生扎实的专业功底，但是其局限性明显，学生习惯于被动地接受知识，对问题缺乏主动探究的兴趣，影响了学生将知识运用于实践的能力。而研讨模式的教学则是以问题为导向，基础性、思考性、前沿性的问题形成了不同的问题层次：基础性问题可以锻炼学生对基础知识的归纳总结能力；思考性问题能够引起学生的好奇心，促使其产生问题意识；前沿性问题则会进一步拓展学生思维，发掘新的观点和方法。二是加强学生社会实践环节的训练。暑期社会实践活动对于法学专业学生了解社会、了解基层有很重要的意义。通过开展暑期三下乡、大学生支教、社会调查等活动，学生能够接触到社会的真实情景。而从事法律职业，需要从业者具备对社会伦理的充分了解。学校可以采取的实践活动有法律诊所、社区服务、法治宣传教育等。通过法律诊所教育，学生直接面向社会开展相关法律服务，在指导教师的指导下为处于困境中的相关人员提供各种法律帮助，这既有助于学生通过实践训练自己的法律职业技能，又能够切身体会法律的作用和法律的价值，从而增强其对法律价值的认同和对法律的信仰。

对法科学生来说，法学实践教学的开展是其法律价值体验的重要过程。在知识的学习中，任何经验的传授都不如直接体验更深刻和直观，通过增加法学实践课程，强化实践教学环节，可以增强学生对法律及其价值的感性认识，进而形成学生在感性认识之上对法律价值的理性评价，促进其法律信仰的形成。

6.3.3.2 改革人才培养模式，增强学生对法律的情感认同

由前面的论述可以看出，法科学生法律信仰树立的根本途径是法律价值体验，而在法学教育中这一目的的达成又是通过具体教学方法的实施来实现的。法律情感的增强是通过对法律的认知一点点积累的，法律信仰的养成是通过法律情感的滋养一步一步形成的。从法学教育实践来看，人才培养模式的改革对法科学生法律信仰的树立起着重要作用。

（1）可以参考外国经验，明确培养目标。

只有确立明确的培养目标才能培养出优秀的法治人才。当今各国对于法治人才的培养主要通过法学教育实现。法治人才培养的模式主要有以培养法律工作者为主的美国模式；以培养具有法律理念和职业技能为目标的德国模式；把法学教育与法律职业严格分离的日韩模式。笔者认为，我国可以参考德国的培养模式，不仅要培养学生解决实际问题的能力，而且要培养学生的法律信仰。如果学生只具备解决实际问题的能力，而缺乏法律信仰，那么这样的人对于整个社会不仅没有益处，还很有可能是有害的。只有我们培养出的学生具有法律信仰，敢于为法律正义而献身，才能逐渐影响整个社会，加快法治化建设进程。培养学生的法律信仰最主要途径是教师的言传身教，只有真正具备对于法律的信念，教师才能通过身体力行将这种无形的东西传授给学生。

（2）确立学生主体性地位，确保学生法律认知的积极性和主动性。

在教学过程中，学生应当是主体而不是客体。但长期以来，我们的教学理念是典型的"教师中心论"，学生却并没有作为真正的学习主体。确立学生的主体地位，师生之间的关系就会实现从"人格分等"到"人格平等"的转变。威廉姆·多尔认为，教师无疑是一个领导者，但仅仅是作为学习者团体的一个平等的成员。因此，教师的角色应是"平等中的首席"（first among equals），教师是内在情景的领导者，而不是外在的专制者。实际上，学生不仅具有意识和激情，而且具有学习的需要和目的。在学习过程中，学生具有充分的能动性来体现自己的内心追求。况且，法律信仰的形成需要主体对法律及其价值的内心认同，仅凭外在的灌输不可能形成对法律的真诚情感和忠诚信仰。确立学生的主体地位是法律价值体验的心理基础和手段保障。在教学过程中，只有确立学生的主体地位，才能促进学生从心理上注重法学知识和法学理论，并在情感上认同法律。同时，确立学生的主体地位，能够增强学生的学习兴趣，促使学生主动对法律形成认知，对法律产生情感。随着学生对法律情感认同的不断增强，法律信仰也就会在不知不觉中形成和树立。

（3）采用启发式教学方法，促进学生法律情感的形成。

长期以来，在法学专业的人才培养过程中，我们主要采用的是灌输式教学方法。这是以教师讲授为主，以教师布置作业、教师提问为辅的一种传统的教学方法。这种方法并不能满足学生进一步学习的需要，也不利于调动学生在教学过程中的积极性和主动性，实际上也就很难培养学生的法律思维和法律信仰。启发式教学方法的运用要求教师通过多种教学方法引导学生，使学生通过对法律的学习能够把法律看作生活终极意义的一个必不可少的部分。启发式教学方法有助于深化学生对个人价值、社会价值和法律价值的全面认识，促进学生法律情感和法律信仰的形成。可以说，启发式教学方法对于塑造一个真正意义上的法治人才十分重要。在教学过程中，它能够有效强化学生对法律知识和法学理论的掌握，形成法律思维，从而在理性上更加认同法律价值，最终形成对法律的坚定不移的信仰。因此，启发式教学的过程实际上也是法科学生对法律的认识由表及里、外在的知识不断内化为自身信念的过程。

（4）提高教师专业素养，确保学生对法律价值的正确认识。

教师是学生进行法律价值体验的引导者，也是学生对法律价值进行理性评价的指导者。因此，法学教师的专业素养对于学生法律价值体验的效果来说至关重要。高素质的教师能够凭借自己的知识和能力，促进学生对法律价值的体验，正确引导学生对法律价值形成理性评价。这就决定了教师必须具有较高的专业素养才能胜任培养法治人才的重任。同时，只有教师本身对法律具有坚定的信仰，才有可能培养学生对法律的信仰。对于高校法学教师而言，必须具备以下专业素养。

①必须精通法学理论，熟悉法治实践。法学专业教师应当对法学理论有系统、深入的研究，能够深刻把握法律的内在精神和基本原理，在教学过程中不仅能够将法学知识传授给学生，而且能够通过对法学理论和法律精神的讲授，给学生以心灵的启迪，引导学生把握法律精神，形成法律思维。同时，教师只有熟悉法治实践，才能引导学生进行法律价值体验，形成对法律价值的正确评价。

②必须具有较为丰富的法治实践经验。法学是一门实践性很强的社会科学。法学教师仅仅掌握书本知识并不能有效引导学生进行法律价值体验。法学教师不仅要精通法学理论，同时还要具有较为丰富的法治实践经验。只有在教学过程中做到两者的有机结合，才能使学生切身体会到法律在法治实践中所发挥的具体作用，从而自觉树立起对法律的崇敬和信仰。

6.4 法学教育中实证分析法的养成

科研活动通常包括两个层面：一个是得出了什么研究成果，另一个是研究成果是怎么得出来的。在社会科学研究中，人们通常会用"我认为……""我的观点是……""我的理论是……"等形式表述其做出的研究成果，而用"我发现……""我根据……""我依据的证据事实是……"等形式报告其研究成果是怎么做出来的。按常理，面对事实，人们并不一定都能正确挖掘或抽象出其中的理论，而理论却一定来自特定的事实基础。但一些学术论文却给人一种感觉：由"我认为"带出的理论、观点随处可见，而这些理论、观点所依据的事实证据的发现过程及其展示事实证据的方法却显得比较单薄。当然，这样的研究成果并非全无根据，其他学者尤其是外国学者的论著、论断或者几个事例，是这种研究的主要根据，而其理论在多大程度上建立在新发现的事实或者原有事实之间新发现的关系的基础之上就很难说了。鉴于此，本书的中心意思是：如果你认为你编制的理论是特别的，那你最好先说出新发现的事实——这种新的事实应该是规范的研究程序运作的结果，并得到规范的描述和展示。

在包括法学在内的社会科学研究中，不是所有问题都需要采用实证分析的研究方法，但实证分析是发现事实的各种研究方法之一。

6.4.1 什么不是实证分析

研究方法有许多，本书仅讨论目前法学研究中的一种非主流方法，即法律的实证研究方法。在《中国法学》2000年第4期上，笔者曾以《论法律实证分析》为题撰文指出，所谓法律实证分析，是指按照一定程序规范对一切可进行标准化处理的法律信息进行经验研究、量化分析的研究方法。几年过去了，尽管我们欣慰地看到法学研究中的实证分析理念正在得到越来越多人的认同，但是，在那些适合实证研究的法学领域，实证方法的选用仍然很不充分。原因之一也许是，人们对什么是实证分析仍存有误解，一些冠之以某某问题实证研究的研究，其实并不是实证研究，至少与标准的实证研究尚存距离。

一提到实证分析，人们自然先联想到实证主义哲学。其实，这两者虽有联系但有重要区别。实证主义哲学于19世纪30年代由法国学者孔德创立，后来演变为马赫主义、逻辑实证主义的一种哲学体系。实证哲学和作为研究方法的实证分析都强调感觉、经验、客观观察在认识活动中的重要性，但实证主义是一种哲学思想，是关于世界的认识成果，而实证分析是研究方法，是获得理论认识所凭借的工具。作为一种方法，实证分析不具有实证主义哲学所固有的某些特征，也不依附于实证主义哲学所信奉的某些理念。比如，实证主义哲学"拒斥形而上学"，否认现象背后存在本质，和贝克莱的"存在即被感知"一脉相承。而实证分析本身没有这些理论预设，从实证分析方法本身无法直接推论出某种世界观。其实，一方面强调自然科学的观察实验方法，另一方面又构思出一种适用于一切领域的一般原理或"第一原理"，企图从该原理出发演绎出一套理论，这与其说是实证分析，倒不如说是更像思辨哲学，这本身就是实证主义哲学的一个矛盾。而且，实证主义哲学对经验观察在认识活动中的意义的强调已经过分到了轻视甚至无视理性思维的地步。在实证主义哲学看来，人的认识只能达到可能感觉到的现象，现象以后是不可知的。而实证分析不接受这种束缚，它强调不间断地往返于研究对象的经验层与抽象层之间，强调对任何数据都要进行深入解释和理性把握。在实证分析看来，理性能力和感性能力这两者一个也不能少。还有，实证主义哲学具有突出的自然主义和还原主义倾向，不仅认为社会现象同样受制于自然规律，而且将社会简单归结为自然界的延续。与此不同，实证分析方法本身对社会现象的属性没有自然主义的假定。从某种意义上说，彻底的实证精神，对研究对象的属性不作任何预先的规定。最后，通常认为，实证主义哲学在政治和意识形态上比较保守，主张改良和循序渐进的社会政策。而实证分析方法却没有这个标签，作为一种方法，实证分析无所谓激进或保守。有时，实证分析用事实说明事实的品性恰恰是破除某种迷信的最佳手段，它使有些常识、口号、偏好的碰撞显得幼稚可笑。因为有时对符号暴力的专断来说，更难缠的不是理念本身，而是得出某种理念的可重复的过程和方法，以及借助这些方法发现并说出的事实。

6.4.2 确定的未必就是正确的

除哲学领域外，"实证"一词也常常出现在法学研究中，这就是与自然法相对的实证法或法律实证主义，而本书所谓的法律实证分析与这个意义上的实证法恰恰是两回事。

法的确定性与法的正确性是法律世界中一对永恒的矛盾。在这个坐标系中，与实证法相对，自然法被认为是"更高级别的法，它知晓所有问题的答案，并将一面明镜置于实证法之前，它是'正确的'法，因为我们的法律意识、对良法与恶法的直接而明显的感觉来自它。自然法是最高意义的法。它位于一切实证法之上。它是实证法的标准和良知，它是法律的国王，规范的规范"。然而，"在一个经济发达的复杂社会，需要高度的法的确定性，但那种流传下来的自然法体系不能为之提供保障，为此，产生了对唯理的、形式化的法律之渴求"。在这个方向下，实证法是指实在法，即国家的制定法。这个意义上的实证法学的核心理念是"形式理性""否认法律规范的道德内容""认为经正当程序制定的法律，即使是恶法也是法"。费尔巴哈就认为，法律的有效性，不依赖其内容在多大程度上符合正义、道德、合目的性等价值，形式合理性大于实质合理性。与其说法律实证主义强调的是形式合理性，不如说是价值无涉。法律实证主义认为任何法律规范都与价值无关。实证主义（特别是凯尔森的纯粹法学说）试图将法的中心要素（价值实现）从法律概念中排除出去。总之，实证法强调法的确定性，而不关注法的正确性。

到底该怎样调和法律的确定性与正确性、形式理性与实质理性、规范文本与价值内容之间的差异与冲突呢？在各种调和、超越这种差异的努力中，德国学者哈贝马斯的"法律商谈理论"很有特色。这种理论关注的是法律的道德内容即实质合理性。但它不像自然法那样，撇开法律的形式而论其内容，而是通过"商谈过程"，实际上是程序正义的实现过程，来逐步完善法律的实质合理性。与这种法哲学的视角不同，本书的角度既不是形而上学的，也不是纯规范学的，而是事实学的。一方面，笔者始终怀疑，规范的确定性与正确性之间的相关系数是不是真的为1，是不是只要规范的制定和颁布程序合法、形式合理，就一定充满了正义和公平，合法与合理到底是一回事还是两回事。当然，这种对实证法的保留并不当然意味着应该转而寄希望于习惯法、民间法，但法律的确定性与正确性之间不是函数关系而是概率关系，却是不争的事实。另一方面，既然确定的不等于正确的，我们是否就该放弃对形式理性的笃信而回到自然法对法律道德内涵的体悟呢？也不一定。因为"在极权主义的恶法国家中，任何人都可以援引自然法为其革命性反抗寻找依据；反之，在自由民主制度中，任何人求助自然法等于说他试图将少数人的统治权凌驾于多数人的意志之上。在极端情况下，自然法可以为动用武力反抗现存的秩序进行辩护，这种辩护方式既可以是政治机会，也可能是政治风险"。所以，我们需要的是一种客观中立的态度，并且基于这种客观中立的态度去发现规范形式背后的价值内容，发现形式理性中的实质理性，发现实证法中彰显的自然法，总之，发现确定性内涵的正确性。这个"发现"的过程之所以可能，一方面是因为制定法规本身也可以被视为一种意义上的事实，另一方面更因为任何规范条文都承载着一定的价值内容，这本身也是一种事实。所以，尽管其对象可能是抽象的理念或者规范的法条，但这种发现事实的方法却是一种事实学的方法，而非哲学的或部门法学的方法。

这个意义上的实证分析就是借用事实学的方法研究法律规范的过程，就是在形式理性中发现实质理性的过程。这个过程并不事先预设任何价值或结果，而是具有三个特点：首先，法律实证分析的对象既包括法律条文也包括司法判决，所以法律实证分析不只是着眼于静态的立法，而且关注动态的司法。其次，法律实证分析的内容既有声称的原理原则，又有未言明的实然价值导向,所以法律实证分析是不同于文义解释的一种法律解释。最后,法律实证分析的结果既可能发现法律和司法判决中人们不愿意看到的非理性,又可能发现其中人们尚未意识到的合理性,无论怎样,对法律实证分析而言都只是一种客观事实而不对研究的出发点构成任何影响。所以,积极理解或者批评,都只是读者对法律实证分析所发现结果的一种主观感受而已。

6.4.3 应该怎样不等于实际上怎样

在法律领域,应然和实然的区分到底有没有根据和意义,历来存在不同的学术观点。在传统的自然法学说看来,实然与应然是一致的,而在康德主义、新康德主义、法实证主义、分析法理论看来,实然与应然是不一致的。在这一点上,作为研究方法的法律实证分析与法律实证主义倒是存在共同的假定:如果不认同法律中应然与实然的区分,法律实证分析便不存在其独立价值,这个区分是法律实证分析得以成立的一个前提。具体说来,法律中的应然与实然之分表现在以下几个方面,见表6-1。

表6-1 法律中的应然与实然之分

项目	应然	实然
对主体的规定	理想、预期、目标	实现程度、法律实效、已然
法治环节	规范	规范的遵守、操作、适用
主体与对象的关系	价值、主体性、应当是……	真理、客体性、实际上是……
认识活动的程序	假设	检验
法治实践	必要性	条件、成本、可能性

第一,从主体所面临的规定和制约因素来看,法律中的应然就是指理想、预期、目标,而法律中的实然就是指这些理想、预期和目标的实现程度、实际效果、已然的状态。例如,重罪重罚,轻罪轻罚,罪刑相适应,就是刑法中的应然;而在立法和司法实践中,仍然存在一些重罪轻罚或者轻罪重罚的情况,这就是刑法中的实然。这两者之间显然没有实现完全的重合,而我们大部分的法律实践都是为了缩小这两者之间不重合的部分。在这个努力中,法律实证分析的作用就在于发现这些不重合部分的范围、规模、内容、相关因素、客观规律,为更好地实现理想和预期提供事实基础。

第二，从法治的动态过程来看，法律中的应然是指法律规范本身，而法律中的实然是指这些规范的操作、适用和具体实现。其中，规范既包括原则性规范（如法律面前人人平等、罪刑法定），也包括具体规范（如责任能力、某个罪名等）。所以，原则性规范的实现途径既可以是具体的司法判决，又可能是其他具体规范。但不论怎样，规范的话语形式一般是应当如何、可以如何或者不应当（禁止）如何的命令。然而，命令往往不能百分之百地实现。于是，我们需要不断地监测法律命令在多大程度上得到了贯彻，这个过程就是法律实证分析的过程。例如，宪法说，国家尊重和保障人权。那么，在中国刑法中，有多少生命犯罪被配置了生命刑？有多少生命刑分配给了生命犯罪？又有多少非生命犯罪被规定了生命刑？为什么？发现并思考这些问题，就是在对宪法规范的操作、适用和在其他法律中的实现进行实证分析。又如，法律说禁止非法剥夺他人生命的行为，否则，就可能受到故意杀人罪的指控和惩罚。然而，同样以故意杀人罪定罪判刑的案件之间有何重要差异？是否存在定罪量刑的失衡？每年的故意杀人犯罪率有多高？其地区、种类分布如何？有何客观规律可循？这其中，禁止杀人的规范就是一种意义上的应然，而相应的司法实践、故意杀人犯罪及其他事实数据就是某种实然。显然，谁也不会拒绝承认这两者之间的不同，或者否认研究这种差异的意义。

第三，从主体与对象的关系来看，法律中的应然是法律中的价值判断，而法律中的实然是法律中的真理认知。一方面，作为价值关系的主体，立法者、司法者往往借助法律和司法实践表达正义、公平、善恶、犯罪、侵权"应当是什么"，基于一定的价值标准，"人们希望什么是合法、什么是违法"。即使围绕同一客观事实或者行为，不同主体或者不同历史条件下的同一主体，也可能对"应当是什么"以及"希望是什么"的问题给出完全不同的回答。这就是法律中应然的一面，主要表现为主体性和价值判断。另一方面，不论怎样希望，也不论谁去希望，作为真理关系中的认识主体，立法者、司法者以及研究者又不得不面对"实际上是什么"的问题，不得不服从一定的客体性。在这个方向上，我们可以借助实证分析的手段延伸自己的感官，不断地接近客观真理。我们虽然不能改变法律现象的价值属性，但我们可以改变其显现状态，从法律事实中看到更多的意义。例如，围绕法院变更罪名，学界一向存在争论，肯定说认为法院变更罪名可以更好地体现实体正义以准确打击犯罪，否定说认为法院变更罪名剥夺了被告方的辩护权，有违程序正义。不难看出，针锋相对的两方出自两个价值判断，谁都无法直接证否对方坚持的价值判断本身。法学研究中某些问题的讨论之所以难分难解，原因之一就是讨论被局限在价值层面，谁都认为自己扛起的应然性大旗无可辩驳。其实，如果将这个讨论转换为真理问题，也许我们可以绕开"应该不应该"的问题而去追问：变更罪名问题在司法实践中实际上有多大规模？其分布和变化有何特征和规律？实际中有多少变更罪名不利于被告？有没有对被告有利的变更？其比例如何？法院在多大程度上主导着变更罪名的实践？这些事实性设问之后，很可能引发一系列针对变更罪名问题的实证考察，其结论虽然只是"实际上怎样"，却可能对"应该怎样"的思考有所帮助。至少，这种实证研究可以是法学研究的一种补充。

第四，从认识活动的程序来看，大部分法学理论都可以被视为假设，即事物之间应当存在何种关系的理论猜想。从这个意义上说，所谓法学研究其实就是证实或者证否这些理论假设的过程，也即以实然数据和客观逻辑检验理论假设和主观逻辑的过程。结果，有的检验过程证实某种理论的真实性，而有的则无法排除零假设的成立，即尚无足够事实证实该理论的真实性，于是便可能引发进一步的检验过程。经过多次重复性检验过程，才能最终决定接受或者宣布证伪了某个理论假设。这就是由实然不断地接近应然的认识过程，其中，对检验过程中的数据规模、样本代表性、检验步骤、分析工具的选用条件都有严格要求。正因为尊重应然与实然的不一致，证据意识才是假设检验模式的核心，成为整个实证分析的灵魂。甚至可以说，作为科学方法的实证分析，其实就是不断发现新证据、比较各种不同的证据、挖掘证据意义的过程。所以，那些直接用一两个例证支撑某个理论的论证方式，或者干脆从理论到理论的推导，也许忽略了应然与实然之间的差异，也许就不认为存在这种差异。

第五，从法律实践的过程来看，法律中的应然往往是指某某法律实践的必要性，而法律中的实然则往往是指着手某项法律实践的现实条件、所需成本和可能性，这两者之间的差异更是显而易见。如果我们把每年国内生产总值的一半投入对社会治安的治理，那犯罪率肯定会得到明显的控制。但这可能吗？就算可能，值吗？可见，我们更多碰到的，不是该不该打击犯罪的问题，而是怎样分配控制犯罪的社会投入才更加现实、有效的问题，而此类问题的解决就少不了实证研究。

第六,从广义上看,"应该怎样不等于实际上怎样。另外,"应该怎样"的判断本身有时就值得怀疑。一种情况是,有些"应该怎样"的背后往往另有原因,这时,我们被告知的某些应然性只是某些人实现其他目的的工具而已。另一种情况是,"应该怎样"中夹杂着某些盲目的道德冲动,盲信一旦变成大规模的群众实践,便可能导致某种灾难性的伤害。在这之后,我们已经不太容易相信那些声称的应然性,尤其在法律领域,如果忽视应然与实然的差异,如果忽视"该不该打击犯罪"与"实际上什么才是犯罪"之间的不同,那么,"难道不该打击犯罪吗?""难道不该保护社会吗?"就可能成为滥用国家强制的理由,这无疑是一种挪用人们善良情感的危险的欺骗,是对逻辑链条中必要环节的粗暴删减。从这个意义上说,"应该怎样"是政治哲学的事,而"实际上怎样"才正是法学研究的基本任务。

总之,在法律和法学研究中区分应然与实然有着重要的学术价值。法律实证分析就是研究法律世界中应然与实然之间差距的科学。

6.4.4 有理无数慎谈学术

定量化是当代社会科学研究的重要趋势之一。据哈佛大学多伊奇等人对 1900—1965 年世界社会科学重大进展的研究,定量的问题或发现(或者兼有)占全部重大进展的 2/3,占 1930 年以来重大进展的 1/6。定量研究问题虽然仅属于研究方法的问题,但它实际上已经成为中国社会科学与国外现代社会科学的最主要差距之一。在代表我国社会科学最高水平的综合性社会科学核心期刊上,定性研究论文接近 94%;即使是定量、半定量研究程度偏高的社会学,其定量、半定量程度也不足 30%,经济学则不足 20%。这与定量研究占 5/6 的西方现代社会科学有相当大的距离。伽利略说过:"上帝是用数学语言来描述世界的。"在人文社会科学中,定性研究可以离开量化的方法而独立进行,而定量研究实际上离不开定性分析。绝大多数的量化分析,都是定性与定量相结合的研究。具体来说,法律的数量规定性除了刑期的长短、犯罪所得金额的多少、立法的数量,法官、检察官等法律工作者的数量,犯罪率、发案数等研究对象的范围、规模、水平的量化描述,还包括对法律现象之间关系的量化分析。

不做定量分析,并不等于就没有进行定量分析的数据材料。从这个意义上说,对绝大多数学术活动而言,都是既有理又有数。但为什么有的研究生既有理又有数却不对其占有的数据材料进行量化分析呢？有一个学术现象很有趣：当我们对几百个案件样本进行定量分析时，人们会通过质疑这区区几百个样本的代表性而拒斥定量研究，但反过来，对那种仅用一两个实例就可以论证宏大理论的研究，反而不从样本代表性的角度审视理论本身。原因之一可能是，人们基于一种科学性假定和预期来面对定量分析及其结论，认为这种研究应当是科学的，所以对其样本的结论能否推论到总体抱有很高的期望值和审慎的态度。那么，这是不是意味着人们对纯定性的思辨研究不抱有这种预期呢？也许，读者与这种研究之间的关系仅仅是一种"信不信由你"的关系？不论怎样，这倒是进一步说明，实证的量化分析承担着某种科学的使命。其实，问题的根本不在于样本的多少，而在于样本的展示方式，在于数据材料的运用方式，在于理论的诉说方式。如果说用几百个样本所进行的定量分析之所以被质疑主要是因为其样本的抽取过程不够随机，总体中的每个单位并未获得同等的被抽取机会的话，那么，举例论证中的那一两个实例的选用难道就符合随机性要求吗？实际上，这种主观"选样"的过程更具任意性和"为我性"。况且，定量分析不仅具有严格的抽样规范，通常还承认只限于样本内数量关系的观察。至于在多大程度上可以推论到总体，还有赖于同一题目下多个研究的不断重复，最终才能达成学界共识。所以，"有理无数慎谈学术"的核心不在于有没有"数"，而在于一个"慎"字，即根据科学规范选择、展示、运用"数"以挖掘其中的"理"，而非为了论证某个"理"人为地选用"数"。正如美国统计学家朱迪思·A 迈克劳夫林所说："如果专家不愿意向我们展示支持其理论的证据，那么他们的理论的价值又何在呢？"其实，许多学者都曾强调，法律的量的规定性应得到足够的关注和研究。布莱克认为，法律研究的理论策略在一定范围内是定量的、可预测的和普遍的。波斯纳也曾抱怨说，对法律的实证经济学理论的统计学检验进行得很少，经济学分析者大多满足于对所研究的法律规则、原则和决定的财富最大化特点作定性测定。

在"论法律实证分析"一文中，笔者曾认为，法律现象是质的规定性和量的规定性的统一。现在看来，法律现象量化分析的必要性还可以换个角度加以说明："有理无数慎谈学术"的要求意味着实证分析中不仅要有数，而且要有数量分析。换句话说，有数不一定就有数量分析，而要做数量分析就必然以数为事实基础，并深入大量事件内部，发现法律现象之间的各种关系并用数量语言加以描述，反映法律世界中的平均水平、集中或者离散程度、概率大小、相关程度、决定系数等。这是因为法律现象本身是多样性的集合，不确定性是法律现象之间关系的基本属性。而越是关系到多种个体、多样化的事件，就越是需要了解对象的平均水平和集中趋势而不是个别的极端个案，越是需要把握对象之间的概率关系而非函数关系。极端事件也许很真实，也有一定代表性，但就像放大一千倍的美女脸上的一个点，一点也不好看，是以个别真实代替、扭曲整体的真实、结构的真实。法律现象之间的必然性、决定性联系也只是存在于大量个案背后，需要统计工具的恰当选用才可能发现并描述。总之，量化分析是以客观逻辑校正主观逻辑的艺术，如果决策活动和规范的制定建立在法律现象的平均特征和集中趋势基础上，就不会排斥法律现象的量化分析

加拿大哲学家哈金在《驯服偶然》一书中描述了一个有趣的现象："尽管西方世界充斥着个人与国家的自由主义、个体主义和原子主义的各种观念，但人们却在社会数据中发现了统计规律。而盛行集体主义和整体主义的东方，却未能发生。"这个现象有着双重的意义：一方面，从认识对象本身的客观逻辑来看，对象越离散、越多样化、越表现出显著的异质性，就越需要发达的统计手段才可能把握其中的规律和共性。如果天下每一片树叶都是绝对的一模一样，自然不需要什么概率统计、量化分析。而在法律世界中，从法条到案件，从实体到程序，从民事到刑事，从原告到被告，从此时空的法到彼时空的法，也表现出巨大的差异性和不确定性。所以，法律世界的共性和规律也需要科学的量化分析手段才能准确把握，除非，我们对这种共性和规律根本不感兴趣。另一方面，从量化分析的文化背景来看，制度上的集权主义、思想上的绝对主义、本质主义、方法论上的一元决定论和确定的因果观，也许不太热衷于量化分析，至少，他们不太习惯于和他人一起分享数量分析的过程和结果。这也许是因为，他们有更省事的方法去贯彻某种意志，统一人的知识，修改人们的精神，传承某个意见。这使我联想到一个朋友对我的忠告：只听说过伪科学、伪实证，可没听说过伪观点、伪思辨。在案件信息、数据来源都没能全面公开的情况下，何以开展你的实证分析呢？

6.4.5 拿鞋找脚也要拿脚找鞋

实证分析的另一个方法论前提是对归纳研究的重视。这里有一个"鞋

与脚"的关系：所谓鞋就是指事物间的共性、规则、演绎推理的前提，所谓脚就是指事物的个性、规则的适用对象、归纳活动的经验原型。比如，"秘密窃取他人财物是盗窃罪"与此时此地的某个盗窃罪指控、彼时彼地的另一个盗窃罪指控等，就构成了鞋和脚的关系。在法学中，所谓拿鞋找脚，指为了说明某个法学概念、理论、规则，而寻找典型例证进行论证的过程。所谓拿脚找鞋，就是从大量案例、法律事件、经验事实中寻找、提炼法学原理、规则和法的共性。法律实证分析所做的工作，就可以被归结为拿脚找鞋的过程，也即对经验事实进行归纳的过程。

首先，实证分析拒绝全知假定而坚持半知假定，对实证分析而言最重要的知识是不知道什么，即知所不知。就是说，实证分析是从问题出发，去寻找、比较解决问题的规则、原理。比如，对《中华人民共和国刑法》第四十八条规定的适用死刑的两条界限，即是否"罪行极其严重"以及是否"不是必须立即执行"，实证分析不是企图建构一套解释而要求法官们照此办理，而是反过来从法官们的大量司法实践中归纳出相关的适用标准，此即沿着从"脚"到"鞋"的方向研究法律。

其次，拿脚找鞋的过程还意味着经验观察的重要性。实证分析强调对研究对象的客观观察和实地感受，强调感性知识的认识论意义，反对动辄探求事物的本质。尽管"材料狩猎神"和"意义狩猎神"都是片面的，但迪尔凯姆曾说过："科学要想成为客观的，其出发点就不应该是非科学地形成的概念，而应该是感觉。科学在最初所下的一些定义，应当直接取材于感性资料。"他还认为，一种社会事实只能以另一种社会事实来解释，因为那种放弃观察、描述和比较事物，而习惯于用观念来代替实在并作为思考、推理的材料的研究方法，不能得出符合客观实际的结果。在这个问题上，孔德的看法是可取的，他认为，科学观念的相对特征与自然规律的真实观念是不可分割的，就如同不现实地追求绝对的知识总是伴随着使用神学的虚构和形而上学的实体一样。

再次，拿脚找鞋还意味着承认经验原型的多样性，典型是相对的，不典型才是绝对的。按照拿鞋找脚的方式，当然没有不合适的鞋而只有不适合鞋的脚。而问题是，如果反过来看，天下没有两片完全一样的树叶，所以只有不合适脚的鞋，而无所谓合适与否的脚。当发现规则无法用来解决实践中的问题，或者原理无法用来解释现实中的经验现象时，我们要么承认规则、原理的局限性，要么由此发现规则、原理中原来没有挖掘出来的深刻内涵。所以，实证分析强调从不典型而反思典型，从而丰富关于规则、原理的认识。

最后，退一步设问，演绎推理中的大前提又是从哪来的呢？当我们说"亚洲人都是黄皮肤""中国人是亚洲人"，所以"中国人也是黄皮肤"时，还应承认，这个逻辑中的大前提原本就来自"中国人是黄皮肤""日本人是黄皮肤"等一系列观察和归纳，最终才得出"他们都是亚洲人，所以，亚洲人都是黄皮肤"的结论。

当然，在法学知识的传承过程中，还是少不了拿鞋找脚的过程，即所谓举例教学。但在法学知识的生产、创新过程中，归纳法体现了法律实证分析的基本特征。

6.4.6　中国问题与世界方法

问题和方法是任何一项研究的两个基本元素。没有真问题便没有文章，没有适合一定问题的科学方法便没有好文章。而问题和方法又可以从各种角度进行划分，形成各种可能的"问题—方法"组合。根据以上介绍，法律实证分析就是法律的经验研究方法，就是规范现象的事实学，就是往返于法律的应然与实然之间的研究，就是典型和不典型法律现象的归纳过程，就是量化分析方法在法学中的应用。从这些属性可以看出，法律实证分析的方法元素可以归结为经验研究方法，与这种研究方法有关，法律实证分析的问题元素又必然以一定本土实际为选题资源。当然，关注实际并非尾随实际、复制实际，更不是粉饰实际，而是用科学方法去发现、描述和解读实际。在国外的社会科学界，实证分析是学者们讨论学术观点的一种通用语言。加拿大科学哲学和科学史学家哈金也认为，应把运用数量分析的能力视为另一种读写能力（literacy）。从这个意义上说，可以用"中国问题世界方法"，或者"用可重复的方法描述不可重复的问题"来概括本书向读者展示的法学研究方法，尽管这只是一种非主流法学研究方法。应该承认，并不是所有法学问题都适合采用实证分析的研究方法。

一般而言，实证分析对研究对象的基本要求是，第一，需要有大量单位相同而特征各异的事件，如案件、被告人等。从这些事件中抽取的研究样本不仅真实客观，而且其研究结论可能用来推论到未然的总体或者其他空间。如果从明天开始犯罪现象就不再出现了，或者样本只是某时空条件下特有的犯罪现象，那么即使通过实证分析的方法发现了所有犯罪的客观规律也没什么意义。第二，是否选用实证分析的方法，还与研究目的有关。比如，如果只是研究某个孤立个案的法律适用，或者研究某个规范制度的法理渊源，或者研究某个制度设计的正当性，或者研究某个法学理念的历史发展过程，都不必考虑实证分析的选用。反过来说，只要希望知道大量法律事件中的客观规律，都可以考虑运用实证分析方法。

7 中国法学教学实践模式的展望研究

7.1 法学教学的发展趋势

中国的高等法学教育已经站在了新的起点上。目前全国大部分本科院校都开设了法学课程，法学教育蓬勃发展。但是，法学专业毕业生就业率却连续多年排名靠后。在教育全球化的背景下，我们还面临激烈的国际竞争，未来的法学教育该何去何从？面对法学教育存在的矛盾和问题，我们该如何反思法学教育和改革法学教育？研究法学教育未来的发展趋势，对我们下一步采取应对策略具有重要的意义。通过研究，笔者认为，中国法学教育有可能向以下几个方向发展。

7.1.1 更多的法学院将会重新定位法学教育目标和办学特色

法学教育竞争日趋激烈，许多法学院系开始重新定位法学教育目标。如天津师范大学将其培养目标，即培养研究型人才调整为培养应用型人才，而且主要是培养服务型法律人才，如律师、公证员、仲裁员、社区调解员、社区矫正员、司法助理员、基层法律工作者等。中央财经大学法学教育依托财经类院校的学科优势，借助经济学、管理学学科特点，致力于探索法学和经济学、管理学相结合的教育与研究模式，侧重培养懂法律、懂经济、懂管理、懂外语的高层次复合型人才，着力培养中国最具影响力的企业法律顾问（公司律师）。

为突出教育的国际化特色，中国人民大学在网站上公布了其近几学年部分全英文授课的课程简介。其中，法学院开设的有五门，包括英美法概论、国际知识产权法专题研究、国际商事仲裁法、商事仲裁法等。在所有设置了全英文授课课程的学院里，法学院是唯一将全英文授课的所有课程都作为专业选修课来开课的一个。

为吸引优质生源，法学院（系）各种改革措施纷纷出炉，法学教育开始注重办学特色。以对外经济贸易大学法学院的商法学为例，在课程设置上将其分为商法学理论和国际商法学。在国际商法学的科目下，又设置了一系列课程，包括比较商事组织法、比较公司融资法、比较破产法、比较证券法、比较合同法、国际货物买卖法、比较财产法、比较侵权法、比较产品责任法、海商法、比较保险法、国际信用证法律与实务、比较票据法、国际商事仲裁等。从内容上讲，这些课程讲授的主要是外国的法律制度，它们大都配有本院教师编写的教材或专著，形成了一个由众多子学科构成的学科体系，并展现出了自身的特色。各高校只有结合自身的特长和优势实施差异化的培养方案，正确定位和区分培养目标，满足社会对人才的不同需求，打造多样化的特色方案，才能真正打造出契合市场需求的"产品优势"。

7.1.2 法学教师的科研素质不断提高，教师管理机制不断完善

法学院学生减少导致教师需求大幅减少，法学教师冗员增多，老师为了能被聘任，积极争夺工作量。由于生源减少，工作量减少，教师有更多的时间备课，从事科研工作。为提高自己的职场竞争力，中青年教师更加注重自身的继续教育和综合素质的提高，如考博士，到国内外大学攻读学位、进修的愿望也表现得更加迫切。同时，有大量法学教师面临失业。总体来说，由于职场上日益严峻的就业压力，中国教师的素质将得到不断提高，师资力量将不断地得到明显增强。

面对中国法学教师队伍人才流失、结构不合理、素质良莠不齐等现状，未来中国的法学教育应着力改变或者建立四种机制：一是应改变法学教育的管理体制和评价机制，使之符合法学教育规律，避免以"行政政绩"的评价标准或者单一的科研成果对法学教师进行管理和评价；二是应改变对不同学科的法学教师"一视同仁"的管理和评价模式，根据不同学科的教学和科研规律进行分类管理和评价；三是应改变法学教师束之于理论高阁的现状，建立法学教师走进法律实务、亲历司法实践的长效机制，同时拓宽法律职业机构与司法实务精英参与法学教育的范围；四是应改变

基础性教学以青年教师队伍为主的法学教师结构，合理调整法学教师内部结构，促进梯队建设，既要给予青年教师成长的环境及必要的指导，又要调配好新老教师和具有实务经验教师的教学利益关系。

7.1.3 中国法学教育的功能定位将会重新调整

当前，人们开始意识到，中国法学教育经过多年的发展，迫切需要对中国法学教育的未来予以明确定位。与此同时，中国法学教育60多年来的实践发展经验也告诉我们，伴随着国家法治进程的不断深入，特别是国家统一司法考试制度的建立，中国法学教育传统定位的历史使命已经完成。

有学者认为，法学教育的使命就在于提升人们对正义的认知水平，拓宽社会的正义之路，培养社会正义的守护者，搭建社会正义的阶梯。这一目标应当成为未来中国法学教育前行的方向。法学教育作为国家法治实践活动之重要一环，应当承担起引领时代法律思想走向，提升整个社会法治素养的责任；应当承担起构筑社会伦理体系的责任；应当承担起维护社会主流价值——社会正义的责任。因此，当下以及未来中国法学教育的整体功能定位就是培养信仰法治、忠诚于正义的法律人，由他们去守护正义，靠着他们的智慧与理性，良知与勇气，搭建社会的正义之梯，让社会中的每一个人都能够登临正义的高地，也正如习近平总书记所说："让人民群众切实感受到公平正义就在身边。"

同时，必须重新调整中国法学教育的功能，促使其从通识教育向专业教育与精英教育相结合转化，把法学教育的培养目标从单一的法律知识型人才培养转变为法学应用人才、法学研究人才和社会管理人才的共同培养。在未来的法治国家建设中要求法律职业必须走上专业化和职业化的轨道，法学教育肩负着为法律职业部门和全社会培养高素质法律人才的历史使命。"这种高素质的法律人才，绝不仅仅是只掌握了法学知识体系的人，他应当是而且必须是法律专业知识、法律职业素养和法律职业技能的统一体。"要转变将法学教育等同于法学院校和科研机构的一次性的学历教育的传统观念，构建法学教育的大教育观，认识到法学教育不仅有高等院校和科研机构中的法学专业教育，也有法律职业机构和有关组织的互补与继续教育；法学教育不仅包括学历和学位教育，也包括非学历、非学位教育；法学教育不仅包括法律学科教育，也包括法律信仰、法律伦理与法律职业教育。

7.1.4 法学教育、司法考试与法律职业之间将会进一步良性互动

法学教育与法律职业具有互为"源头"与"活水"的相辅相成、共生共长的辩证关系。面对中国法学教育与法律职业屡受诟病的脱节现状，未来的法学教育应当是与国家司法考试和法律职业三者之间的良性互动。

在未来的法学教育中，首先，法学教育和法律职业的资源将被整合，法学院校和职业机构实现师资共享和信息共享。这一目标将通过建立教师互教制度、学生互换制度等方式来实现。

其次，司法职业化进程的推进，将成为实现法学教育与司法职业良性互动之契机。在中国未来的法治进程中，司法职业化已是大势所趋。因此，第一，应明确司法职业化的总体发展方向和趋势，使法学教育据此确定教育内容和培养目标，同时，法学教育界人士应当积极参与司法职业化进程建设，为司法职业的健康发展提供坚实的理论基础和指导。第二，应确定司法职业的层次标准，为法学教育目标的设定与人才的培养提供可供参考的坐标。

最后，通过改革司法考试制度，实现法学教育与法律职业的良性互动。第一，应当重新设置司法考试的应试条件。将对于法律思维的考核延伸至司法考试之前的法学院系学习，规定获得非法学本科以上学历者，必须经过国家指定的法学院校培训合格后，才能参加司法考试。而未来司法考试制度的改革则在法律硕士培养得到长足发展之后，确定以法律硕士考试代替司法考试。实行司法考试笔试与面试相结合的考核方式，全面考核应试者的法律职业能力与素养。第二，改革司法考试的内容、题型。转变以背诵内容为主的考核理念，改变以客观题为主、主观题为辅的考核题型，重点考核应试者运用法律知识进行思考的过程和解决实务问题的能力。第三，设置法律职业的强制性入职培训及考核。一方面，使受培训者有针对性地接受职业技能训练，缩短其进入工作后的适应期，另一方面，及早启动淘汰机制，使司法考试得以向后延伸，避免"一考定终身"的弊端。

为提高教育竞争力，中国有条件的法学院，势必会积极开展上述各种形式的对外教育交流合作。全球化的大趋势下，法学教育要有全球化的视野，法学院或者是法学教育机构的教学要有国际思维，法学教材要有适合

全球化的知识，学生要有机会接触世界。无论提供法学教育服务的人员构成如何，他们必须具有引导世界潮流的知识、眼光和技能，积极应对全球化法学教育市场的挑战，广泛的跨国交流是法学教育的大势所趋。

7.2 完善法学教学模式的能效

法学教育不仅仅是一种技能上的培训，还应当承担起对法学学生职业素养和道德素质的教育的责任。我们当下的和谐社会更是法治社会，这也决定了法治建设在构建和谐社会中所处的重要位置。可见，法学教育在社会主义法治国家中必须体现出自身所具有的基础性、全局性和先导性的战略地位，而进一步完善我国的法学教学，也将呈现出多方面的重大意义。

7.2.1 有利于强调并建立对法律的信仰

我国自古以来都有着强大的制定法，尤其是在改革开放以后，为了适应各行各业的迅速发展和世界的飞速变化，国家法律制度建设逐渐完善起来。国家的发展和建设固然离不开大量法律的制定和颁布，但是仅仅作为一种静法而悄悄躺卧在纸上，其自身功能便无法发挥，反倒成了资源的浪费。法律的制定到法律的实施之间存在着一条鸿沟，而填充或逾越这条鸿沟，需要我们对法律的信仰。对法律的信仰所表达的并不是指我们简单地将所制定的法律付诸实施即可，更不是指法律的信仰作为一种理念为广大民众或者法律人所接受就真正建立了法律被信仰的社会。法律的信仰是一个过程，在这个过程中，需要通过各行各业的法律人，甚至在高级阶段还需要通过社会的普通民众一起努力。朱苏力在其《法律如何被信仰》一文中也表达了类似的看法："任何法律只有在这种不断调整以适应人们的利益（当然这种利益并不以某种固定形态出现，它也会因受到法律规制以及其他社会因素的影响而变化）的过程中，才能逐渐使人们接受它，逐渐形成遵循法律的习惯，产生对总体法律的信仰。"然而，对于在法律教育中来强调并建立对法律的信仰，我们也必须清晰地认识到这一点：信仰不能被简单地教育而形成，因为它不是外在的强制或灌输才形成的"服从意识"，而是一种自觉的"归依意识"。在教育中又如何来发现或者培养人们对法律在内心所产生的归依呢？对这个问题的解答面临着一个哲学的事实："凡人之情，见利莫能勿就，见害莫能勿避。"人本质上既然是趋利避害的，只有通过法律才能使我们得到自身需要的利益，若与利益无关或者将会导致恶果的违背人们意愿的法律，终究是不会被信仰和尊重。也就是说："必须以实际的法律运作使他（她）感受到还是信仰法律好，感受到法律值得尊重和崇拜，否则有可能使其成为一名法律虚无主义者。"故而，法学教育要真正承担起建立法律信仰的时代使命，一方面要了解这一哲学事实，另一方面要增强相关部门和人员在立法上的功利性倾向，同时，加强在法律执行过程中的监督教育，以取得法律制度在修订过程中的必要素材。

7.2.2 可以优化我国法学人才培养模式

法学教育的根本目的是培养高素质的、符合社会需要的法律人才。改革开放以来，法学教育为国家培养了大批优秀法律人才，无论在数量上还是在质量上，都取得了巨大成绩。但是，我们还应该清醒地看到，我们的法学教育还不能完全适应经济社会发展的要求，不能完全适应国家和社会对法律人才培养的要求。随着社会、经济的发展，主要表现出以下两种人才的短缺。

一是创新型、实用型、复合型的法律人才紧缺。学了法律还要懂其他专业知识的人才在我国是比较缺乏的。现在很多法律问题涉及高科技，比方说涉及环境保护，许多人只懂环境科学，却不知如何用法律来治理污染，给企业施加法律的约束。再如建筑上的法律问题、互联网上的侵权、互联网上的拍卖成立不成立、互联网上的隐私保护、新闻报道中的言论自由、客观报道与诽谤恶意中伤的法律界限、保险理赔中的法律问题。单纯的法律人才和单纯的其他学科型的人才都是做不好的。

二是缺少外向型、国际化的法律人才。现在国内大学法学院培养的人才都是内向型的人才，只能在国内从事法律业务，代表公司、企业、个人、政府从事法律诉讼业务及其他法律方面的业务。随着改革开放的深入，我国的国际化程度越来越高，已经跟世界经济连成一体。虽然在涉外交往中产生了大量法律问题，但是，没有多少法律工作者能够独立解决。据统计，全国现在有几十万名律师，却只有几千人可以直接用外文来处理法律业务、处理国际官司。在中国人才紧缺榜上，涉外法律高端人才赫然名列前茅。律师事务所因缺乏三懂（懂外语、懂法律、懂经济或懂管理）人才，巨额标的的涉外法律服务拿不下来的情况比比皆是。这几年这种情况尤其突出，产品的倾销与反倾销案件、中外知识产权诉讼案件在我国大量存在，但通过观察和研究不难发现，我国的企业、政府在出庭的时候，聘请的不少律师都是外国人，这使中国的一些法律教育工作者觉得很惭愧，因为自己身为一名法律教育工作者，却不能为律师事务所，为国家分忧解难。的确，许多国内的法学院系尚不具备培养能代表我国企业、政府到国际上去从事诉讼业务的高端法律人才的办学条件和师资力量。

面对法学人才培养中的问题，我们既要制定保障法律职业人才"有效的知识教育""有效的能力培养"的最低法学教育标准、不同类型的法学人才培养质量标准，又要鼓励高校以社会需求为导向，办出特色，办出水平，全面提升法学教育质量。

加强法学质量教育标准的研究，制定和实施科学的人才培养质量目标，建立一套包括质量监控、评估、分析、改进等环节的质量标准保证体系，对发展现代法学激励和监控教学质量提高、加强教师队伍管理、推动教学方式改进、提高人才培养质量具有重要意义。

7.2.3 提高法学专业就业率

在高校改革的几年里，法学专业的队伍在高校扩招和其他高校不断开设此专业后逐渐壮大。在社会对于国家法治建设需求的舆论导向下，法学专业一直有着自己的神话：需求一定广大，就业前景一定光明。"外行看热闹，内行看门道""人前显贵，人后受罪"。需求大、前景好的神话让外人看起来羡慕不已，但只要稍微了解关注法学专业的就业现状，所谓的神话便不攻自破。据统计，法学学科毕业生就业率位列文科毕业生最低，而即使有些毕业生毕业以后从事法律工作，薪资水平也令人担忧，因此，法学专业毕业生面临的压力不容小视。这种现象表明：只有从根本上变革教育模式，转变教育思路，培养实践型、专业型法学人才，才能给法学毕业生创造更多的机会，法学专业的就业率才会逐渐提高。

7.2.4 增强我国法学教育在教育全球化过程中的竞争力

20世纪80年代以来，世界范围内兴起了高等教育质量保障运动。美国、日本、英国、法国、澳大利亚等国不仅建立了5~7年不等的周期性高等教育质量认证制度，以此保证本国高等教育的质量和水平，同时更广泛地开展国际与地区间的高等教育质量互认，大大促进了高等教育质量标准国际化。例如，英国大学把国际化列入重要发展目标，不论是爱丁堡大学、伯明翰大学还是曼彻斯特大学，都非常强调国际化战略。爱丁堡大学的"四个确保"：确保国际影响与知名度，让世界知道爱丁堡大学在干什么、为什么；确保吸引世界最好的学生，不分国籍；确保科研实践水平世界一流，吸引世界一流人才来校工作；确保产生知识被应用。"四个确保"充分体现了爱丁堡大学的国际化水准。国际化大学能够面向世界来观察高等教育发展，以国际视野来指导学校的教学、科研和社会服务，将教育的视野从自己国家扩展到其他国家直至整个世界，把国际的、跨文化的、全球的观念融合到本校的教学、科研和服务等诸项功能中。

参考文献

[1] 戴昶舒，鲍铁文，邵鹏飞. 试论人工智能时代法学教育模式变革[J]. 科技风，2021（15）：90-91.

[2] 项定宜，毕莹. "互联网+"背景下法学教育模式探析[J]. 黑龙江教师发展学院学报，2020，39（12）：42-45.

[3] 张富利，高行. 人工智能时代法学教育模式变革探析[J]. 辽宁教育行政学院学报，2020，37（5）：60-64.

[4] 唐绍均，冷冰冰. 论"本硕博"研讨式法学教学模式的建构[J]. 曲靖师范学院学报，2020，39（4）：48-51.

[5] 殷守革. 临床法学教育模式在应用型法律人才培养中的运用[J]. 中国成人教育，2020（13）：66-69.

[6] 杨咏婕，张静. 应用型法学教育模式的路径探究[J]. 教育现代化，2019，6（73）：149-150.

[7] 刘海芳. 我国法学教育模式的创新研究：评《法学专业实践教学的理论与创新》[J]. 高教探索，2019（9）：145.

[8] 闫夏，李炳通. 新时代公安院校法学教育模式新思路[J]. 天津中德应用技术大学学报，2019（4）：112-115.

[9] 吴越. 实践性法律教学与法学教育改革[J]. 法制博览，2019（22）：298.

[10] 王卉. 非政法类院校实施诊所式法学教育模式研究[J]. 法制与社会，2019（15）：200-201.

[11] 张峥. 地方性人才需求背景下法学教育模式改革：基于对新疆师范大学法学专业发展的分析[J]. 开封教育学院学报，2018，38（12）：95-96.

[12] 李若瀚, 王宝磊. 中西方高等法学教育模式的差异及启示 [J]. 知与行, 2018 (6): 151-154.

[13] 李若瀚, 王宝磊. 论我国法学教育模式的反思与重构 [J]. 重庆科技学院学报 (社会科学版), 2018 (5): 114-115, 127.

[14] 李若瀚, 朱道坤. 我国法学教育模式的构建与革新 [J]. 高教学刊, 2018 (18): 126-128.

[15] 仝世涛. 高校法学教育模式探究 [J]. 中外企业家, 2018 (25): 164-165.

[16] 黄卫东. 模拟听证应成为法学教学实践的重要模式 [J]. 辽宁教育行政学院学报, 2010, 27 (10): 79, 81.

[17] 李若瀚, 王宝磊. 西方法学教育模式对我国高等法学教育的启发 [J]. 广州广播电视大学学报, 2018, 18 (4): 42-47, 109.

[18] 唐太飞. 应用型人才培养与法学教育模式探索: 以地方应用型本科院校为例 [J]. 法制博览, 2018 (19): 223-224.

[19] 姜可. "人工智能+" 背景下理工院校法学教育模式 [J]. 智库时代, 2018 (23): 74, 77.

[20] 胡明. 创新法学教育模式 培养德法兼修的高素质法治人才 [J]. 中国高等教育, 2018 (9): 27-28.

[21] 雷秋玉. 法学教育的模式移植与反思 [J]. 法学教育研究, 2018, 21 (2): 251-270.

[22] 沈颖. "体验式" 法学教育模式的分析与实践 [J]. 青春岁月, 2018 (7): 111.

[23] 雷秋玉. 本科法学教育模式的反思与择定: 在现实主义与科学主义之间 [J]. 江汉学术, 2018, 37 (2): 85-93.

[24] 薛应军. 王德新: 我国应探索新型法学教育模式 [N]. 民主与法制时报, 2017-12-14 (005).

[25] 孟涛. 美国法学教育模式的反思 [J]. 中国政法大学学报, 2017 (4): 150-157, 160.

[26] 唐良艳. 中国特色社会主义法学教育模式的基本特征 [J]. 课程教育研究, 2017 (25): 14-15.

[27] 贾媛媛. 从 "言说" 到 "行动": 法学教育模式变迁的知识论考察 [J]. 学术论坛, 2017, 40 (2): 108-113.

[28] 李秀勤. 论诊所式法学教育模式在知识产权法教学改革中的实施：以平顶山学院政法学院为例 [J]. 当代旅游（高尔夫旅行），2017 (5)：171.

[29] 杨莹. 基于法学教育模式的法学教育目标思考 [J]. 经贸实践，2017 (7)：277.

[30] 康均心. 模式与规模：法学教育管理法治化进程中面临的两个问题 [J]. 社会治理法治前沿年刊，2012 (1)：290-305.

[31] 邓益辉，王涵，陈晶莹. 法学教育模式需转变 [N]. 民主与法制时报，2017-03-16 (005).

[32] 陈军. 从法律文化视角审视法学教育模式的定位 [J]. 温州大学学报（社会科学版），2017，30 (1)：72-77.

[33] 陈兰英. 警察法学教育模式对比研究 [J]. 山西警察学院学报，2017，25 (1)：74-78.

[34] 杨平. 法律职业化趋势下的地方院校法学教育模式的探索 [J]. 当代教育实践与教学研究，2016 (12)：199-200.

[35] 伏广青，唐波. 借鉴英美法学教育模式培训青年刑事辩护律师 [J]. 人民法治，2016 (10)：69-71.

[36] 李艳玲. 应用型技术大学建设背景下的法学教育模式探讨 [J]. 公民与法（法学版），2016 (9)：61-64.

[37] 李红勃，李潜. 北欧法学教育模式及其对中国的启示 [J]. 欧洲法律评论，2016，1 (1)：183-197.

[38] 陈海燕. 探究以学生为主体的翻转课堂法学教学实践 [J]. 湖北开放职业学院学报，2022，35 (23)：175-177.

[39] 谢立志. 高校法学教学实践中的参观教学法探究 [J]. 成才之路，2022 (3)：114-116.

[40] 周金恋. 情景模拟教学模式在行政法学教学实践中的应用 [J]. 洛阳师范学院学报，2021，40 (12)：72-74.

[41] 马春瑕，唐双玲. 微课在"互联网+法学教学"模式中的应用：基于新疆电大一体化在线学习平台的教学实践 [J]. 数字通信世界，2021 (10)：175-176.

[42] 李海超. 大学课堂经济法学教学实践改革研究 [J]. 中外企业家，2020 (7)：200.

［43］孙艳. 新时期大学课堂经济法学教学实践改革的刍议［J］. 法制博览，2019（24）：289-290.

［44］林华东. 诊所法律教育在法学教学实践中的应用［J］. 法制博览，2017（33）：236-237.

［45］林锦静. 诊所法律教育在我国法学教学实践中的思考：独立学院应用型法学人才培养模式之创新［J］. 黑河学院学报，2017，8（9）：121-122.

［46］何玥. 新时期大学课堂经济法学教学实践改革的刍议［J］. 法制与社会，2017（22）：247-248.

［47］杜晓君. 论研究型法学教学模式的构建：以广东外语外贸大学刑法学教学实践为例［J］. 法制与社会，2016（13）：233-234，241.

［48］任丹红. 就业困境下的法学教学实践基地建设规范化研究［J］. 宿州教育学院学报，2014，17（1）：163-166.

［49］任丹红. 就业困境下的法学教学实践基地建设规范化研究［J］. 河南司法警官职业学院学报，2013，11（4）：123-125.

［50］邱益鹏. 涵江法院与福建江夏学院共建法学教学实践基地［J］. 中国审判，2013（9）：80.

［51］王娟娟. 法学教学实践研讨模式的构想与实践［J］. 湖北函授大学学报，2013，26（8）：97-98，110.

［52］史丕功. 法学专业实践教学探讨：以榆林学院法学教学实践为例［J］. 榆林学院学报，2012，22（5）：127-130，142.

［53］曹银贵. 基于土地管理文化传播的"土地法学"教学实践研究［J］. 中国农业教育，2012（1）：89-91.

附录　法学典型案例研习

保理合同、债权转让通知与不当得利

摘要：本文以一起案例为例，研究保理合同中的债权多重转让问题。保理合同是债权转让的基础关系，债权转让于转让人与受让人达成一致意见时发生效力，转让通知并非债权转让的生效要件，而是为了保护债务人。对于转让通知的时间先后，《中华人民共和国民法典》第七百六十八条可作为均未进行债权转让登记的数个保理人之间优先效力的标准。转让他人的债权是一种侵权行为，获得的对价属于不当得利，同时如有合同前提存在还会构成违约，从而债权人可向无权处分人主张违约、侵权以及不当得利，并构成请求权竞合。债权多重转让后，若第二次债权转让的受让人依法取得了债权，则第一次债权受让人不可向其主张侵权或不当得利。

关键词：保理合同　债权转让　无权处分　不当得利

案情[①]

2021年10月10日，邓某某与H公司签订借款合同，约定：H公司向邓某某借款850万元，按银行同期贷款基准利率的4倍计息，借期自2021年10月10日起至2021年11月10日止。

上述借款到期后，H公司未清偿借款。2021年11月16日，H公司与邓某某签订债权转让协议，内容为：①双方一致同意H公司将对J公司金额为900万元的债权（买卖混凝土的货款债权）转让给邓某某，以充抵上

[①] 案例改编自某某与建行支行合同纠纷上诉案件，南京市中级人民法院民事判决书（2015）宁商终字第636号。

述850万元借款及利息，且从此H公司不再负担借款债务；②从签订生效之日起，债权即发生转让。同时，双方共同签署了对J公司的债权转让通知（当时未发出）。

2021年11月2日，H公司与建行支行签订《保理合同》，约定：建行支行为H公司核定保理款总额度为5 000万元，在H公司办理应收账款转让事宜后，可支用上述额度。

2022年1月7日，H公司与建行支行签署应收账款转让书，约定：H公司将对J公司的应收账款债权900万元转让给建行支行，并且将与J公司之间的混凝土买卖合同交付给建行支行。当日，H公司向J公司邮寄了应收账款转让通知书，于次日到达。同日，H公司向建行支行提出保理款800万元的支用申请，该申请于2022年1月8日得到建行支行审批同意，随后款项转入H公司账户。

2022年1月20日，J公司在建行支行要求下，向其支付了900万元以清偿债务。

2022年2月1日，邓某某为实现债权，将债权转让协议及债权转让通知向J公司邮寄送达。J公司确认收到上述通知，但表示已向建行支行履行债务，自己无须再向邓某某履行债务。

根据以上案情，分析下列问题：

一、邓某某可向J公司主张何种请求权？

二、邓某某可向H公司主张何种请求权？

三、邓某某可向建行支行主张何种请求权？

解题目录

【问题一】邓某某可向J公司主张何种请求权？

一、邓某某可能依据《中华人民共和国民法典》第六百二十六条第1句，结合第五百四十五条第一款，向J公司主张货款债权的请求权吗？

（一）请求权是否发生？

（1）是否存在买卖合同的价款债权？

（2）邓某某是否享有对于J公司的买卖合同价款债权？

（3）小结。

（二）请求权是否可执行？

（1）建行支行是否享有对J公司的债权？

（2）附论：债权让与中的债务人保护。

（3）小结。

二、结论。

【问题二】邓某某可向 H 公司主张何种请求权？

一、邓某某可以依据《中华人民共和国民法典》第五百七十七条、第五百零九条第二款、第五百五十八条，向 H 公司主张违约损害赔偿请求权吗？

（1）H 公司是否瑕疵履行？

（2）H 公司是否违反保护义务？

（3）邓某某可否向 H 公司主张违约损害赔偿请求权？

二、邓某某可能依据《中华人民共和国民法典》第一千一百六十五条第一款向 H 公司主张侵权损害赔偿请求权吗？

三、邓某某可能依据《中华人民共和国民法典》第九百八十五条向 H 公司主张不当得利请求权吗？

四、结论：请求权竞合。

【问题三】邓某某可向建行支行主张何种请求权？

一、邓某某可能依据《中华人民共和国民法典》第一千一百六十五条第一款向建行支行主张侵权损害赔偿请求权吗？

二、邓某某可能依据《中华人民共和国民法典》第九百八十五条向建行支行主张不当得利请求权吗？

三、结论。

解答

【问题一】邓某某可向 J 公司主张何种请求权？

一、邓某某可以依据《中华人民共和国民法典》第六百二十六条结合第五百四十五条第一款，向 J 公司主张货款债权的请求权。

（一）请求权是否发生。

（1）是否存在买卖合同的价款债权。

根据《中华人民共和国民法典》第六百二十六条，买卖合同的买受人应当支付价款。本案中，H 公司对于 J 公司出卖混凝土而享有 900 万元的请求权。

（2）邓某某是否享有对于 J 公司的买卖合同价款债权。

邓某某原本不享有对于 J 公司的债权，但因为受让 H 公司的债权，而享有对于 J 公司的买卖合同价款请求权。

通常有效的债权让与要求让与人享有处分权、不存在转让的限制。本案中 H 公司享有债权的处分权，没有问题。根据《中华人民共和国民法典》第五百四十五条第一款，债权转让有三种限制的情形，即依性质不可转让、当事人约定不可转让、法律规定不可转让。本案中，H 公司对于 J 公司享有 900 万元的价款请求权，其性质为金钱债权，并不存在转让方面的限制。需要考虑的问题是，本案中的债权让与何时生效。

①债权转让与基础关系。

债权让与的性质在理论上有争议。德国民法学理论认为，债权让与导致一种财产地位，即债权之归属从一个人向另一人发生转移，因而是一种处分行为。虽然我国也有学者认为债权让与是事实行为，但一般认为债权让与是让与人与受让人之间直接发生债权转移的合同，属于处分行为。作为一种处分行为，债权让与应当与其原因行为区分开来，原因行为通常是一项负担行为，例如债权之买卖、赠与、清偿或担保。在德国民法理论中，债权让与采用分离原则和无因原则，即债权让与和原因行为并不需要一起实施，且原因行为（如买卖）的无效并不影响债权让与的效力，除非其具有与原因行为一样的瑕疵，或者当事人将原因行为的效力作为债权让与的生效条件。若原因行为无效，债权让与有效，则原债权人可以向受让人主张不当得利请求权，通过债权的回复让与而返还。我国合同法理论对于债权让与采用分离原则（或独立性）没有争议，但对于是否采用无因原则存在争议。韩世远教授认为我国民法总体上采用有因原则，在债权让与中也是如此，即原因行为无效或被撤销的场合，债权让与不生效力；原因行为被解除的场合，债权自动复归于让与人。只是对于票据债权或其他证券化债权，例外承认债权让与的无因性。

本案中，H 公司与邓某某之间达成的债权转让协议不能仅从转让协议本身考虑，而须回溯到此前双方的借款合同。由于 H 公司未能如期履行 2021 年 10 月 10 日双方签订的借款合同，届期之后双方再签订债权转让协议，H 公司将对于 J 公司的 900 万元货款债权转让给邓某某以抵充借款债务，双方就金钱债权代替清偿借款债务达成意思表示一致，成立了"代物清偿"的合同，该合同是本案中债权让与的原因。《中华人民共和国民法典》中并无关于代物清偿合同的规定，民法理论认为，代物清偿合同的效力适用《中华人民共和国民法典》总则的一般规定。据此，债权转让协议中约定"H公司将对于J公司金额为900万元的到期债权（买卖混凝土的货款债权）转让给邓某某，以抵充上述850万元借款及利息"的条款，应适用《中华人民共和国民法典》的相关规定。本案中的债权转让协议并无法律行为效力方面的瑕疵，因而可以作为有效的债权让与的原因行为。

②债权何时发生转让。

债权让与是处分行为，当事人就债权让与达成合意，债权随之发生转移，原债权人脱离债权人地位，新债权人承继其地位，取得同一债权。本案中，2021年11月16日H公司与邓某某签订的债权转让协议中明确约定了"合同签订生效之日起，债权即发生转让"。因此，在该日H公司对于J公司的债权即让与邓某某，后者取得债权。

③债权让与通知的效力。

《中华人民共和国民法典》第五百四十六条第一款规定："债权人转让债权，未通知债务人的，该转让对债务人不发生效力。"债权让与通知是观念通知，但其有何法律效力，理论上存在不同认识。

第一种观点认为，债权让与合同生效时债权即发生转让，通知仅是对于债务人或第三人发生效力，这是主流观点。从比较法上看，德国将债权让与的效力限于让与合意，即使不通知债务人，也发生债权让与，且能够对抗债务人之外的其他第三人（《德国民法典》第398条）。换言之，债权出让人如将同一债权作二次处分，即使第一次处分没有通知债务人，对于第二个受让人来说，第一次处分也发生效力。而在法国法系，让与通知不仅是债权让与对债务人生效的要件，而且是对抗债务人之外的其他第三人的要件（《法国民法典》第1690条第1款、《日本民法典》第467条第1款）。在债权二次处分场合，如果债权出让人与第二受让人成立债权让与合同，并将第二次的让与通知债务人，则由第二次的受让人取得该债权。由此可见，德国与法国在债权让与本身的效力上，都不以通知为生效要件，只是在通知对抗债务人或其他第三人方面略有差异。

第二种观点认为，债权让与通知是债权让与的生效要件。换言之，债权让与合同并不能直接导致债权发生转让，还需通知债务人才能产生效力。这是少数的观点。

笔者赞同第一种观点，理由如下：①从法律规范目的上说，《中华人民共和国民法典》第五百四十六条第一款仅为保护债务人的利益而设，即如果债务人未收到债权让与通知，其仍对原债权人履行债务，是为有效清偿，而无须再对债权受让人履行。②债权让与通知对债务人还有延伸的保护效力，这体现在如果债权人对债务人已通知债权让与，债务人根据通知而向新债权人履行债务，而实际上并未发生债权让与或让与无效，也即债务人向"表见债权人"进行清偿，也应当受到保护，而无须再对债权人履行债务。③从转让人与受让人的内部关系看，以通知为债权让与生效要件，会使很多新的交易形态难以展开。例如，为了担保目的，债权转让人与受让人进行隐蔽型的债权让与，不愿通知债务人，在转让人履行债务后，受让人仍将债权回复让与给转让人。再如，以通知为生效要件，使得债权的连续转让、未来债权转让困难重重，因为此类转让中没必要通知债务人或不知道具体债务人为谁。从受让人与第三人的外部关系看，以通知为让与生效要件，继而在债权多重处分的场合，以通知先后为债权归属的最终依据，可能产生的问题如下：受让人为避免风险，须向债务人调查，此前是否发生过让与通知，以及通知的真实性、有效性，但债务人对受让人不负有准确告知的义务，因为债权转让不能给债务人带来负担。尤其是在集合债权让与、未来债权让与中，受让人查知让与通知的困难更大。因此，债权让与通知不宜具有防范受让债权风险的功能，而仅是为了保护债务人的利益。

综上，结合本案案情可知，尽管 H 公司与邓某某在 2021 年 11 月 16 日签订债权转让协议时尚未通知债务人 J 公司，但债权已经发生转移。邓某某 2022 年 2 月 1 日将 H 公司与邓某某共同签署的债权转让通知，向 J 公司进行邮寄送达，只是对于债务人生效的条件，并不决定债权让与的时间。此外，债权让与通知的主体原则上是原债权人。比较法和民法学理中也有观点认为受让人可作为通知主体，但必须附有必要的转让证据或文书等。本案中，由于邓某某与 H 公司共同签署了债权转让通知文件，尽管是邓某某寄送的债权让与通知，即意思表示由邓某某发出，也可以发生让与通知的效力。

（3）小结。

综上所述，邓某某因受让 H 公司对 J 公司的买卖合同债权，因而享有请求 J 公司支付 900 万元价款的请求权。

（二）请求权是否可执行。

本案中邓某某的债权没有因清偿等事由消灭。须考虑的是，请求权是否可执行。

前文已述，邓某某针对 J 公司享有 900 万元的债权，但迟至 2022 年 2 月 1 日才向 J 公司发出通知，并主张债权。J 公司提出已经向建行支行作出履行，从而不用再向邓某某履行债务。若 J 公司提出的抗辩事由成立，则意味着邓某某的 900 万元价款请求权不可执行。以下对此展开论述。

（1）建行支行是否享有对 J 公司的债权。

本案中，H 公司对 J 公司的 900 万元债权已转让给邓某某，如再行转让给建行支行，会产生"债权二次让与"的问题。

①保理合同与债权让与。

本案中，2021 年 11 月 20 日，H 公司与建行支行签订框架式的保理合同，约定：建行支行为 H 公司核定保理款总额度为 5 000 万元，在 H 公司办理应收账款转让事宜后，可支用上述额度。

根据《中华人民共和国民法典》第七百六十一条，保理合同是应收账款债权人将现有的或者将有的应收账款转让给保理人，保理人提供资金融通、应收账款管理或者催收、应收账款债务人付款担保等服务的合同。保理合同是债权让与之原因行为。

保理合同本身并不直接导致债权发生转让，通常保理合同项下的债权让与，须另行订立合同。本案中，2022 年 1 月 7 日，H 公司与建行支行签署"应收账款转让书"约定转让应收账款债权 900 万元，是债权让与处分行为，此时才有可能发生债权让与。

②处分行为是否有效。

债权让与是处分行为，须以出让人有处分权才能生效。如前所述，H 公司与邓某某在 2021 年 11 月 16 日签订债权转让协议，债权已经转让给邓某某。故而，2022 年 1 月 7 日，H 公司与建行支行签署"应收账款转让书"时其已非债权人，不能对债权进行处分，且也未取得处分权人邓某某的事前同意或事后追认，故而该债权让与行为无效。

③是否构成善意取得债权。

既然 H 公司对债权进行无权处分，那么在建行支行不知道且不应该知道 H 公司无处分权，且已经支付合理对价的前提下，是否有可能构成善意取得债权呢？

第一，根据《中华人民共和国民法典》第三百一十一条第一款，无权处分动产或不动产，在符合下列三个要件时，受让人可善意取得：即"（一）受让人受让该不动产或者动产时是善意；（二）以合理的价格转让；（三）转让的不动产或者动产依照法律规定应当登记的已经登记，不需要登记的已经交付给受让人"。但在本案中，建行支行所受让的债权并非动产或不动产，显然不符合善意取得要件。

第二，根据《中华人民共和国民法典》第三百一十一条第三款，"当事人善意取得其他物权的，参照适用前两款规定"。本案中，债权不属于"其他物权"，故而不可参照适用第一款的善意取得。

第三，可否类推适用《中华人民共和国民法典》第三百一十一条第一款。本案中，建行支行受让债权时主观上确为善意，且支付了合理对价，取得代表债权证明的买卖合同文书，与《中华人民共和国民法典》第三百一十一条第一款规定的善意取得构成要件类似，可否类推适用善意取得呢？

债权是抽象的权利，并不像动产或不动产一般具有可公示的权利外观，从而足以使受让人产生信赖，进而有保护受让人之必要。本案的案情，尽管与《中华人民共和国民法典》第三百一十一条第一款规定的善意取得构成要件具有相似性，但二者在处分的权利方面不一样，在法学方法论上，类推除了要求待解决的案件在现行法的构成要件方面有相似点之外，还须考虑二者的不同之处。

综上，建行支行并不能适用《中华人民共和国民法典》第三百一十一条第一款、第三款，或类推适用《中华人民共和国民法典》第三百一十一条第一款，而善意取得债权。

④债权转让通知先到达的效果。

如前所述，在一般的债权让与中，转让通知只是对债务人发生效力的条件，并不决定债权让与本身。但是，《中华人民共和国民法典》第七百六十八条赋予债权转让通知另一种效力，即决定受让人之间优先性，这是我国债权转让通知规则的特殊之处。根据《中华人民共和国民法典》第七百六十八条之规定，若就同一笔应收账款，订立数个保理合同，致多个保理人主张权利，"均未登记的，由最先到达应收账款债务人的转让通知中载明的保理人取得应收账款"。尽管第七百六十八条字义上适用于多个保理人之间关系，但理论上认为，第七百六十八条可类推适用于其他的债权让与。本案中，邓某某与建行支行都是债权受让人，建行支行的债权转让通知最先到达债务人，根据《中华人民共和国民法典》第七百六十八条，应由建行支行取得900万元的应收账款债权。

（2）附论：债权让与中的债务人保护。

本案中的债务人J公司于2022年1月20日在建行支行要求下，向其支付了900万元。那么，J公司在付款之后，是否应受到保护呢？

首先，根据上文所述，建行支行依《中华人民共和国民法典》第七百六十八条可取得受让的900万元应收账款债权。J公司向建行支行付款，是对其债务的履行，属于有效清偿。

其次，即使按照债权让与中的保护债务人的原理，J公司也不需要再向邓某某清偿。理由如下：

根据《中华人民共和国民法典》第五百四十六条第一款，债权人转让债权，未通知债务人的，该转让对债务人不发生效力。本条是对债务人之保护性规定，旨在明确债权发生让与后，但未通知债务人的，新债权人不能对债务人主张债权。如果债务人对原债权人进行清偿，则无须再向新债权人清偿。但须注意，本案中，并非债权让与未向债务人作出通知，而是转让人未将第一次债权让与通知给债务人，而再次作出债权让与后，将第二次债权让与通知债务人。根据《中华人民共和国民法典》第五百四十六条，本案并不能直接适用该条款。

本案中，J公司在未收到第一次债权转让通知的前提下，收到了第二次债权让与通知，这种情况与《中华人民共和国民法典》第五百四十六条规定的利益情形类似，因此可以类推适用该款规定。也即第一次债权让与尚未通知时，债权让与对J公司不生效力。而J公司对第二次受让人履行后，无须再对第一次受让人（邓某某）履行义务。

（3）小结。

综上，虽然邓某某取得了受让的债权，但建行支行因为在先进行债权转让通知，因而取得了同一笔债权，J公司向其支付900万元是有效清偿。而且基于债权转让中保护未受通知的债务人的理由，J公司也无须再向邓某某履行义务。因此，邓某某的请求权不可执行。

二、结论。

邓某某受让取得对于J公司的900万元货款债权，但因为建行支行第二次受让债权并进行债权转让通知，优先获得该笔债权。而且债务人J公司已向建行支行清偿债务，故而可以对邓某某的履行请求提出抗辩，邓某某不能向J公司主张900万元货款的债权请求权。

【问题二】 邓某某可向 H 公司主张何种请求权？

一、邓某某可能依据《中华人民共和国民法典》第五百七十七条，结合第五百零九条第二款、第五百五十八条，向 H 公司主张违约损害赔偿请求权《中华人民共和国民法典》第五百七十七条沿袭原《中华人民共和国合同法》第一百零七条规定："当事人一方不履行合同义务或者履行合同义务不符合约定的，应当承担继续履行、采取补救措施或者赔偿损失等违约责任。"据此，合同一方当事人向违约方主张违约责任，须发生"一方不履行合同义务或者履行合同义务不符合约定"的情况。

《中华人民共和国民法典》第五百七十七条规定的"一方不履行合同义务或者履行合同义务不符合约定"过于宽泛。在民法原理上总结，合同债务人的违约行为包括：前期拒绝履行、履行不能、履行迟延、瑕疵履行、加害履行，以及附随义务（保护义务）违反。显然本案中，H 公司向邓某某转让债权，不存在期前拒绝、不能、迟延、加害履行等违约形态。可以考虑的是，是否存在瑕疵履行或保护义务违反。

（一）H 公司是否瑕疵履行。

本案中的债权转让协议包括了一项"代物清偿合同"，这是一项有偿合同。根据《中华人民共和国民法典》第六百四十六条，"法律对其他有偿合同有规定的，依照其规定；没有规定的，参照适用买卖合同的有关规定"。因此，本案中"代物清偿合同"应参照买卖合同的规定。

根据《中华人民共和国民法典》第五百八十二条"履行不符合约定的，应当按照当事人的约定承担违约责任"和《中华人民共和国民法典》第六百一十七条"出卖人交付的标的物不符合质量要求的，买受人可以依据本法第五百八十二条至五百八十四条的规定请求承担违约责任"，当事人主张瑕疵履行的违约责任，违约方须"履行不符合约定"，学理上称为"瑕疵"。《中华人民共和国民法典》上关于瑕疵的界定如下。

（1）当事人约定的质量要求。《中华人民共和国民法典》第六百一十五条规定："出卖人应当按照约定的质量要求交付标的物。出卖人提供有关标的物质量说明的，交付的标的物应当符合该说明的质量要求。"若合同给付之履行，不符合当事人约定的质量要求，称为"主观瑕疵"。

（2）《中华人民共和国民法典》第六百一十六条规定："当事人对标的物的质量要求没有约定或者约定不明确，依据本法第五百一十条的规定仍不能确定的，适用本法第五百一十一条第一项的规定。"而《中华人民共和国民法典》第五百一十一条质量标准包括强制性国家标准、推荐性国家标准、行业标准以及通常标准或者符合合同目的的特定标准。据此，不符合上述标准的合同给付，称为"客观瑕疵"。

根据《中华人民共和国民法典》第六百四十六条，上述关于买卖合同的瑕疵界定，也可适用于本案中上述关于瑕疵界定和瑕疵履行的违约责任，均可适用于"代物清偿合同"。具体到本案中，H公司出卖给邓某某的债权是否存在瑕疵？换言之，H公司是否完成合同义务的履行？

（1）是否存在主观瑕疵。根据案情，双方并未约定债权的"品质"，故而没有主观标准。

（2）是否存在客观瑕疵。根据《中华人民共和国民法典》第五百一十一条，债权并无国家或行业标准，只能"按照通常标准或者符合合同目的的特定标准履行"。据此，作为转让标的的债权，通常应基于真实的交易产生的债权，具备"真实性"即可。但债权的出让人，通常不对债权是否能够回收或债务人是否具有履行能力而负责，即出让人不负担"品质责任"。

本案中，H公司对J公司的900万元债权，已经在债权转让协议订立时完成转让，H公司履行了给付义务。而且，H公司确实是基于买卖混凝土合同，对于J公司享有900万元的债权，债权的真实性没有疑义。因此转让的债权符合客观品质标准，不存在客观瑕疵。

总之，H公司没有发生瑕疵履行的违约行为。

（二）H公司是否违反保护义务。

附随义务是指伴随在债务履行过程中，当事人应负担的照顾、保护对方固有的人身、财产权益的义务。《中华人民共和国民法典》第五百五十八条规定："侵权债务终止后，当事人应当遵循诚信等原则，根据交易习惯履行通知、协助、保密、旧物回收等义务。"上述义务都属于保护义务，只是发生在合同展开的不同阶段，前者为合同中的保护义务，后者为合同后的保护义务。违反保护义务的后果是，违约方将根据《中华人民共和国民法典》第五百七十七条向他方当事人承担违约责任。

本案中，H公司将对J公司的债权通过债权转让协议出让给邓某某，但事后又将同一债权无权处分给建行支行，并且J公司已向后者履行义务，致使邓某某不能收回该债权的款项，造成邓某某的价值900万元债权的损失，因而属于违反后合同的保护义务。

（三）邓某某可否向 H 公司主张违约损害赔偿请求权。

根据《中华人民共和国民法典》第五百七十七条，违约方应向对方承担违约责任。

本案中，邓某某已经遭受损害，无法主张继续履行或采取补救措施，只能向 H 公司主张损害赔偿。违约损害赔偿请求权，除了发生违约行为以外，还须具备实际损害、因果关系、可预见性的要件，在本案中这些要件都没有问题，因此邓某某可以向 H 公司主张数额为 900 万元的违约损害赔偿请求权。

二、邓某某可能依据《中华人民共和国民法典》第一千一百六十五条第一款向 H 公司主张侵权损害赔偿请求权。

一般侵权责任的请求权基础是《中华人民共和国民法典》第一千一百六十五条第一款："行为人因过错侵害他人民事权益造成损害的，应当承担侵权责任。"学理上认为，一般侵权责任的构成要件包括：加害行为、权利侵害、损害事实、因果关系、主观过错，以及没有正当的抗辩事由。具体分析如下：

第一，加害行为。本案中，加害行为是指 H 公司将已经归属于邓某某的债权，再次处分给建行支行。该行为导致邓某某的债权不能收取其价值。

第二，权利侵害。债权是否属于侵权法保护的客体，理论和实践上均存有争议。我国民法理论和实践上认可在严格的构成要件下（加害人主观上故意），债权也可作为侵权法保护的客体。而且，《中华人民共和国民法典》第一千一百六十五条表述"侵害他人民事权益"，文义上可以包括债权。因此，本案中，邓某某的债权，可以作为侵权法保护的客体。

第三，损害事实。本案中，由于 J 公司已经向建行支行清偿，不用再对邓某某履行义务，故而造成邓某某 900 万元的财产损失。

第四，因果关系。本案中，H 公司的再次处分债权的行为与上述损害事实之间具有相当的因果关系。

第五，主观过错。本案中，H 公司明知已将债权转让给了邓某某，仍然处分给建行支行，主观上存在故意，符合侵害债权的主观要件。

综上，H 公司的二次处分同一笔债权的行为致使邓某某遭受 900 万元的损害，且无正当的抗辩事由，因此邓某某可以基于《中华人民共和国民法典》第一千一百六十五条第一款向 H 公司主张 900 万元的损害赔偿请求权。

三、邓某某可能依据《中华人民共和国民法典》第九百八十五条向 H 公司主张不当得利请求权，民法原则上将不当得利区分为给付型不当得利和非给付型不当得利，但我国民法实证法上并未对此作明显的区分。《中华人民共和国民法典》第一百二十二条和第九百八十五条都规定：没有法律根据，取得不当利益，受损失的人可以请求得利人返还不当利益。据此，不当得利请求权的构成要件包括：①一方取得利益；②没有法律根据；③致使他人受到损失。下文将据此考虑本案中邓某某是否享有不当得利请求权。

（一）一方取得利益。

不当得利法上的利益应具体认定，包括各种财产利益，可以是财产权的取得、占有或登记的取得、债务的消灭、劳务或使用利益的取得等。

本案中 H 公司可能取得的利益有如下两类：

（1）对邓某某的 850 万元借款债务的消灭。根据《债权转让协议》，H 公司在转让 900 万元的债权给邓某某后，H 公司对于邓某某的借款债务不再履行，从而 850 万元的债务消灭。这属于取得利益。

（2）将债权二次处分给建行支行，取得保理融资款。根据《保理合同》，在 2022 年 1 月 7 日 H 公司与建行支行签署《应收账款转让书》后，2022 年 1 月 8 日建行支行审批同意，H 公司取得 800 万元的融资款。该款项属于取得利益。

（二）没有法律根据。

（1）H 公司对邓某某的借款债务 850 万元消灭，是基于债权转让协议中的代物清偿合同，即邓某某取得 H 公司的 900 万元债权后，借款债务消灭，该债权转让协议并未发生无效或被撤销的情形，故而债务消灭具有法律根据。

（2）H 公司取得保理融资款 800 万元，无权处分邓某某的债权，获得的利益，因而没有法律根据。

附论：王泽鉴指出，侵害他人权益型的不当得利理论基础有违法性说和权益归属说。前者认为，侵害他人权益，因侵害行为具有不法性，因而构成不当得利。但不当得利制度的目的在于使受益人返还其无法律上原因所受之利益，其考虑的不是不当得利的过程，而是保有利益的正当性。后者认为，权益具有一定的利益内容，专属于权利人，归其享有，并具排他性。违反法秩序所定权益归属而取得利益者，例如处分他人之物致受让人善意取得，其取得之价金，乃违反财产法上利益归属秩序，欠缺法律上原因，应成立不当得利。该理论以保有利益的正当性作为判断标准，符合不当得利法的规范目的，可资赞同。

（三）致使他人受有损失（因果关系）。

既然 H 公司从建行支行取得的保理融资款欠缺法律根据，继而须考虑的是，其与邓某某受有损失（不能收取债权金额）之间存在因果关系吗？

就权益侵害型不当得利，通说认为应以"致他人受有损害"为要件，即受益与受损害须具有直接性，其受利益系直接来自受损害者。但须注意的是，此处的受损害，并不以实际上受有损害为必要，因为不当得利的目的并非在于填补损害，而是在于消除无法律上原因所取得的利益。例如，利用他人屋顶放置广告招牌，他人是否有使用屋顶的计划，是否存在不能使用收益的损害。

本案中，导致邓某某不能收取 900 万元债权款项的原因在于：H 公司二次处分债权，建行支行受让同一笔债权，并且根据《中华人民共和国民法典》第七百六十八条，在先进行债权转让通知的保理人，优先获得应收账款债权（或者说保理人可以对抗第一次受让债权的邓某某）。因而，H 公司的二次处分债权，获取 800 万元保理融资款是导致邓某某受有损失的原因。

综上，H 公司由于第二次处分债权，获得保理融资款 800 万元，并致使邓某某受有损失，因此邓某某可以根据《中华人民共和国民法典》第九百八十五条向 H 公司主张 800 万元的不当得利请求权。

四、结论：请求权竞合。

由上可见，邓某某可以根据《中华人民共和国民法典》第五百七十七条向 H 公司主张基于债权转让协议的违约损害赔偿请求权，也可以根据《中华人民共和国民法典》第一千一百六十五条第一款主张侵权损害赔偿请求权，数额均为 900 万元。此外，邓某某还能根据《中华人民共和国民法典》第九百八十五条向 H 公司主张不当得利请求权，但数额是 800 万元。

根据《中华人民共和国民法典》第一百八十六条，违约与侵权请求权发生竞合时，原告可以选择主张何种请求权。本案中的两个请求权，在构成要件方面有所差别，尤其是侵害债权的请求权须以主观上的故意为构成要件，比较严格，邓某某需要进行举证。在其他方面，包括损害赔偿具体数额、诉讼时效等，没有显著差别。邓某某可自行选择主张何种请求权。

类推适用《中华人民共和国民法典》第一百八十六条，邓某某还可以在违约、侵权和不当得利请求权之间进行选择，但不当得利请求权的数额较违约或侵权请求权要低。

【问题三】邓某某可向建行支行主张何种请求权？

一、邓某某可能依据《中华人民共和国民法典》第一千一百六十五条第一款向建行支行主张侵权损害赔偿请求权。

《中华人民共和国民法典》第一千一百六十五条第一款规定："行为人因过错侵害他人民事权益造成损害的，应当承担侵权责任。"一般侵权责任的构成要件包括：加害行为、权利侵害、损害事实、因果关系、主观过错，以及没有正当的抗辩事由。

本案中，建行支行的确由于受让 H 公司的债权，并且向 J 公司提示付款，获得清偿，从而 J 公司向邓某某抗辩，不再履行债务，造成邓某某的损失。但建行支行的行为一方面并不具有违法性，不属于侵害他人权利的行为，另一方面主观上也没有过失，即没有注意到该债权已经是第二次转让。再者，从因果关系上看，也超出了一般理性人的预见范围，不具有相当性。因此，邓某某对建行支行不享有《中华人民共和国民法典》第一千一百六十五条第一款规定的侵权损害赔偿请求权。

二、邓某某可能依据《中华人民共和国民法典》第九百八十五条向建行支行主张不当得利请求权。《中华人民共和国民法典》第九百八十五条规定，没有法律根据，取得不当利益，受损失的人可以请求得利人返还不当利益。不当得利请求权的构成要件包括：①一方取得利益；②没有法律根据；③致使他人受有损失。据此考虑本案中邓某某是否存在不当得利请求权。

（一）一方取得利益。

本案中，建行支行的得利有两种可能：

第一，取得 H 公司对 J 公司的 900 万元的货款债权。根据前文所述，H 公司将同一债权无权处分给建行支行，且未得到权利人的追认，故而处分行为无效。但是又根据《中华人民共和国民法典》第七百六十八条，建行支行受让债权已经对债务人 J 公司进行了通知，建行支行取得了应收账款的债权，构成一项得利。

第二，建行支行向 J 公司提示付款，获得清偿，获得 900 万元款项，取得利益。

（二）没有法律根据。

如前已述，建行支行取得应收账款的债权，以及据此收取 900 万元款项都有法律依据，不符合这一构成要件。

（三）致使他人受有损失（因果关系）。

不当得利法上的因果关系强调直接性。本案中，建行支行根据《中华人民共和国民法典》第七百六十八条有权收取 900 万元货款债权的款项，且因为比邓某某的债权让与通知更早地生效，因而优先于后者取得该笔债权。因此，邓某某未能获得应收账款债权，并非建行支行的行为造成的，本案不符合不当得利法的因果关系。

综上所述，邓某某不能根据《中华人民共和国民法典》第九百八十五条向建行支行请求返还收取的 900 万元款项。

三、结论。

本案中，邓某某既不能根据《中华人民共和国民法典》第一千一百六十五条向建行支行请求侵权损害赔偿请求权，也不能根据《中华人民共和国民法典》第九百八十五条向建行支行请求不当得利请求权。由此可见，《中华人民共和国民法典》第七百六十八条关于保理合同同一应收账款存在数个保理受让人时，登记、通知在判断取得债权的顺序中起到关键的作用。